跟任何人都聊得来的高效沟通术

高效沟通

如何说对方才会听
怎么听对方才肯说

陈赞 著

当代世界出版社
THE CONTEMPORARY WORLD PRESS

图书在版编目（CIP）数据

高效沟通 / 陈赞著 .-- 北京：当代世界出版社，2018.8
ISBN 978-7-5090-1398-4

Ⅰ.①高… Ⅱ.①陈… Ⅲ.①心理交往—通俗读物 Ⅳ.①C912.11-49

中国版本图书馆 CIP 数据核字（2018）第 111748 号

书　　名：	高效沟通
出版发行：	当代世界出版社
地　　址：	北京市复兴路4号（100860）
网　　址：	http://www.worldpress.org.cn
编务电话：	（010）83907332
发行电话：	（010）83908409
	（010）83908455
	（010）83908377
	（010）83908423（邮购）
	（010）83908410（传真）
经　　销：	全国新华书店
印　　刷：	河北华商印刷有限公司
开　　本：	710毫米×1000毫米　1/16
印　　张：	15
字　　数：	210千字
版　　次：	2018年8月第1版
印　　次：	2018年8月第1次
书　　号：	ISBN 978-7-5090-1398-4
定　　价：	39.80元

如发现印装质量问题，请与承印厂联系调换。
版权所有，翻印必究，未经许可，不得转载！

| 序言 |

成为沟通高手，只要三步

"高效沟通"是我们为人处世的一项重要能力。无论在工作中还是在生活中，我们都需要通过语言表达所思所想、分享情感，以便实现心中所愿。

所谓"高效沟通"并不是专挑别人爱听的说，而是充分理解别人的想法，同时能恰当地表达自我的意愿。懂沟通的人说话让人舒服，在任何场合都能大受欢迎，并在社交中取得主导权。

愚蠢的人用嘴说话，聪明的人用脑说话，智慧的人用心说话。高效沟通的关键是认识到个人心智和情感的局限性，并放弃那些容易引发愤怒、沮丧、焦虑等负面情绪的沟通方式，用圆融的、更容易被人接受的沟通方式化解人际关系中的冲突，从而收获爱、幸福与成功。

实践表明，选择对话模式、学习交涉艺术、掌控沟通关键是完成高效沟通的三个步骤。掌握了这三点，你就能获得爱和理解的密码，告别人际沟通中的无力感和焦虑感，改变自己在人际交往中的被动局面，掌控自己的生活！

第一步，选择对话模式

沟通是双方或多方通过对话进行交流的过程，目的是增进了解、交换意见、弥合分歧、实现合作等。

与他人对话有不同的模式可供选择，它们不是割裂的，而是各有侧重，你需要综合运用各种对话模式,才能完成一次圆满的沟通。

◎听话

沟通从倾听开始,"会听"比"会说"更重要。只有认真倾听,你才能准确判断对方的个性、需求、意图,然后确定自己该说什么以及如何说。

◎讲话

听对方讲完了,你要发表意见、陈述观点。说话的时候,不仅要清楚地表达自我,还要以情动人、以理服人。你说的每句话都令人受用,才是本事。

◎问话

在沟通过程中产生疑问时,你要主动提问,问对了,别人才肯说,才愿意说。说话是一门艺术,提问则是一门学问。会提问的人,擅长用高明的问题得到自己想要的答案。

◎回话

对方向你提问的时候,你要主动回答。给予对方应有的回应,别在错误的时间发言或沉默。许多时候,回答别人的问题更能突显一个人的口才与情商。

◎谈话

聊天是沟通的重要形式。与熟人聊天和与陌生人聊天有很大不同,与同性聊天和与异性聊天也有很大差异。聊天过程中最尴尬的是,把天聊死了。

◎搭话

许多时候,想要和陌生人融洽地沟通,并不是一件容易的事情。既要消除陌生感,又要得到自己想要的信息,这考验人们沟通的综合能力。

第二步,学习交涉艺术

沟通包括语言沟通和非语言沟通,语言沟通包括口头语言沟通和书面语言沟通,非语言沟通包括声音语气(比如音乐)、肢体动作(比如手势、舞蹈、武术、体育运动等)沟通,最有效的沟通是语言沟通结合非语言沟通。

比起你说了什么,更重要的是你说话的态度。有了正确的态度,才能准确地传达内容，从而达到让人舒服、令人愉悦的效果。交涉的艺术一辈子都学不完。

◎尊重

人与人之间的沟通，必须建立在平等、尊重的基础上，你说什么样的话，你就是什么样的人。尊重别人，就是时刻把对方放在心上。

◎分寸

善于与外界打交道的人，说话办事都有分寸。在交涉过程中，除了注重对象、场合等，情商高的人更善于把握对方的心理，措辞精准到位，把话说得滴水不漏。

◎有趣

伟大的发明家爱迪生曾告诫世人："如果你想征服这个世界，就必须学会幽默，让这个世界更有趣！"幽默沟通带给人快乐，让你与对方斡旋的时候更具感召力。

◎人情

在中国，处理好人情世故能解决许多棘手的问题，这正是"交涉"的价值所在。沟通的技巧很多，但是其真正目的只有一个，那就是在理好人情的基础上办好事情。

◎取悦

费尽力气与人交涉，是为了实现心中所愿。为此，你必须先满足对方的心理需求、利益诉求，这就是"取悦"。高效沟通，就是在对话中让人舒服，赢得对方的好感和信任。

第三步，掌控沟通关键

真正的沟通都是为了特定的目的有备而来的，没有谁会为了毫无意义的闲聊耗费大把时间，掌控沟通关键就能取得话语权。

葛洛夫曾说："有效的沟通取决于沟通者对话题的充分掌握，而非措词的甜美。"在任何场合，你说的每句话，其实都是权力的游戏。

◎交流

从会说话的第一天起，人类进行沟通的目的之一就是为了交流信息。

高效沟通

这种日常交流通常是碎片化的,然而高段位的沟通者却善于从碎片化的交流中,发掘有价值的情报,让每句话都富有价值。

◎说服

很多事没有你想象的那么难,会沟通的人三言两语就把话说到对方心里去,轻松搞定一切。说服是驱动他人做事的过程,也是口才魅力的集中展示。

◎谈判

交谈本身就是讨价还价的过程,谈生意、谈恋爱、谈交情……在人生舞台这个巨大的谈判场上,会沟通的人懂得聪明地妥协,看似让他人占尽先机,实则自己更有力量。

◎辩论

言辞上的争辩,无论是为了对错,还是为了利益,都是一场残酷的对抗。会沟通的人敢于直面挑战,不惧怕硬碰硬,但同时,他们也懂得,还有比争到话语权更重要的东西,那就是人心。争到了理,却输了情,并不是真正的胜利。

◎演讲

人际沟通的最高级形式,是演讲。一个人站在讲台上,面对无数听众,短时间内推销个人思想,去影响更多的人,这件事从任何角度看,都堪称伟大。

总之,会沟通的人和不会沟通的人,会拥有大不一样的人生。如果不想被人吐槽缺乏沟通技巧,请拿起本书,领略高效沟通的艺术。

目录

第一辑 选择对话模式

01 听话——"会听"比"会说"更重要

有效沟通从倾听开始 …… 004

冷静地听，才能正确地判断 …… 005

在倾听中"察言观色" …… 007

从口头禅判断对方性格 …… 009

放下架子才能听到真话 …… 011

听懂"声音"变化的秘密 …… 012

02 讲话——对事要讲理，对人要讲情

你说的话有人喜欢听吗 …… 016

讲话之前一定要做足功课 …… 017

以情动人，以理服人 …… 019

用共同话题拉近心理距离 …… 021

凹地效应：说话谦逊的人更受欢迎 …… 022

别跟愚鲁的人讲道理 …… 024

不妨把"丑话"说在前面 …… 026

03 问话——你想要的"答案"藏在"问题"里

反问：营造咄咄逼人的气势 …………………………… 030

进三步退两步，得到你想要的信息 …………………… 032

反复提问的人缺乏安全感 ……………………………… 033

以试探性问题突破对方内心防线 ……………………… 035

多问对方在行的问题 …………………………………… 036

问得越具体，回答的人越省力 ………………………… 038

04 回话——注意说话的逻辑和措辞风格

沟通效果取决于你的回应 ……………………………… 042

折半理论：巧妙解答他人的疑问 ……………………… 043

高情商的人，懂得拒绝 ………………………………… 045

别在错误的时间发言或沉默 …………………………… 046

用歪理来制服歪理 ……………………………………… 048

如何向上级汇报坏消息 ………………………………… 050

回话时别把话说得太满 ………………………………… 051

05 谈话——学会真正在意对方，跟任何人都能聊得来

每个人都想聊自己 ……………………………………… 056

良好的关系从道歉开始 ………………………………… 057

提要求一定要照顾对方的感受 ………………………… 059

不妨说几句善意的谎言 ………………………………… 060

有一种低情商叫抢话说 ………………………………… 061

目　录

谈话中懂得以"让"为"争" ………………………… 063
当着矮子不说短话 ………………………………… 064
"逐客令"也能说得美妙动听 ……………………… 066

06　搭话——掌握和陌生人搭讪的技巧

说点儿应酬话容易拉近距离 ……………………… 070
热情和真诚能消除陌生感 ………………………… 071
亲切寒暄让关系迅速升温 ………………………… 073
"笑声"拥有巨大的吸引力 ………………………… 075
初次见面的"称呼"艺术 …………………………… 077
表情和眼神透露出你的人情味 …………………… 078

第二辑　学习交涉艺术

07　尊重——没有尊重的沟通就是没教养

每个人都有"被尊重"的需要 ……………………… 084
不在外行面前说"行话" …………………………… 085
别让善意的玩笑变成无情的嘲笑 ………………… 087
刺猬效应：请保持交谈距离 ……………………… 089
出口伤人等于招惹是非 …………………………… 090
不在别人难受时显露聪明 ………………………… 092

08 分寸——情商高的人可以把话说得滴水不漏

说话不知轻重，只会让你的人际关系糟糕 …………… 096
措辞一定要把握好分寸 …………………………………… 097
注重场合对象，避免过于随意 …………………………… 098
话不在多，但要句句都是重点 …………………………… 100
玩笑话一定要适可而止 …………………………………… 102
高阶层的人不可有话直说 ………………………………… 103
高效沟通的关键是把话说到点子上 ……………………… 105

09 有趣——幽默表达帮你瞬间赢得他人好感

幽默的谈吐是口才的重要标志 …………………………… 110
千方百计让自己变得有趣 ………………………………… 111
情商高的人敢拿自己开玩笑 ……………………………… 113
即兴聊天少不了幽默捧场 ………………………………… 114
幽默让你的错误也变得可爱 ……………………………… 116
风趣的谈吐有助于消除紧张感 …………………………… 117
用幽默的方式表达不同看法 ……………………………… 119

10 人情——沟通的真正目的是理好人情、办好事情

学会客套，求人好办事 …………………………………… 122
情感沟通投资最少，回报最高 …………………………… 123
处理好人情世故就能解决棘手问题 ……………………… 125

目录

看透是聪明，不说是本事 …………………………… 126
谅解对方过错比批评更有效 …………………………… 128
让正在气头上的人骂个够 …………………………… 129
请牢记，"情"是拿来讲理的 …………………………… 131
指出对方错误不忘维护面子 …………………………… 133

11 取悦——交涉中满足对方心理让你更有影响力

谙熟他人心理是取悦的前提 …………………………… 136
如何摸准听众的心思 …………………………… 137
会捧场的人人缘更好 …………………………… 139
满足前辈"好为人师"的心理 …………………………… 141
尽量把话说好听点儿 …………………………… 142
雪中送炭胜过锦上添花 …………………………… 144
这些话千万不要轻易说出口 …………………………… 145
带给对方愉悦的沟通体验 …………………………… 147

第三辑 掌控沟通关键

12 交流——高段位沟通者善于发掘有价值的情报

自嘲让陌生的心灵变得亲近 …………………………… 152
别因一无所有而耻于交流 …………………………… 153
正确面对来自外界的批评 …………………………… 156
"正话反说"是试探人的良策 …………………………… 158
换位思考让你脑洞大开 …………………………… 160

无端揣测等于主观臆造消息 …………………………… 162

抱怨会影响下属的工作情绪 …………………………… 164

13 说服——不要说你想说的，说对方想听的

世界上没有不能被说服的人 …………………………… 168

有的放矢是劝诫的关键 ………………………………… 169

不能忽视听众的立场 …………………………………… 171

请放弃严肃空洞的说教 ………………………………… 172

沟通中不与人发生无谓的冲突 ………………………… 174

最大的痛苦是不被人信任 ……………………………… 175

没有人愿意被命令 ……………………………………… 177

14 谈判——聪明地妥协，让对手觉得他比你更有力量

在权力最大时说出条件 ………………………………… 180

提升对方的权威能赢得好感 …………………………… 181

偏见让你丧失基本的判断力 …………………………… 183

软磨硬泡能迫使对方妥协 ……………………………… 185

没到紧要关头，别泄露你的底牌 ……………………… 187

打破冷场，提升局面控制能力 ………………………… 189

戴高帽，让对方无法开口拒绝 ………………………… 190

15 辩论——关键时刻说对话，在残酷的对抗中脱颖而出

别因争辩忘了说话的目的 ……………………………… 194

争的是理，输的是情 …………………………………… 196

目录

用幽默增强论辩中的语言力度 …………………… 198
以谬制谬的仿效论辩法 …………………………… 199
反唇相讥式辩论帮你摆脱窘境 …………………… 201
诡辩术帮你自圆其说 ……………………………… 203
理智的辩论比冲动的争论更有力 ………………… 205

16 演讲——调动听众情绪有助于引爆现场热情

演讲不是一门高不可攀的艺术 …………………… 208
努力与听众融为一体 ……………………………… 209
了解听众心理，才能赢得人心 …………………… 211
演说要互动，还要生动 …………………………… 213
姿势与动作是特殊的语言 ………………………… 214
抓好长篇演讲的开场和结尾 ……………………… 215
形成独特的演讲风格 ……………………………… 217
如何回答刁钻的问题 ……………………………… 219
光晕效应，帮你扩大影响力 ……………………… 220

第一辑

选择对话模式

把对方放在心上，让你的每句话都有人情味

Chapter 01

听 话

"会听"比"会说"更重要

有效沟通从倾听开始

会说是一种能力，会听则是一种智慧。在人际交往中，倾听是有效沟通的金钥匙。中国人说话含蓄、婉转，常常话里有话，如果听不懂话外音，就失去了与人对话的资格。

有的人之所以沟通能力强，原因之一就是善于倾听，不仅能明白对方表达的意思，更能明白其言外之意。为此，我们必须细心揣摩、察言观色，用心领悟对方说的每句话。一个合格的倾听者，既能及时掌握对方的真实意图，也能对讲话者表现出浓厚的兴趣，迅速拉近双方的心理距离。

妻子向身为外交官的丈夫抱怨："随你出席社交场合真是活受罪。人家都是社会精英，不但口才绝佳，而且周游过世界上很多国家，见识非凡。在他们面前，我根本说不上话。"

这位外交官微笑着说："其实，每个人说话都要有人听。因而，善于聆听的人在社交场合中同样受欢迎，而且这也是一种难能可贵的品质。"

听懂对方的话，在沟通中发挥的作用与如何表达同等重要。善于倾听是一种美德，是理解、是尊重、是接纳、是期待、是分担、是共享快乐。倾听的意义远不只是给了别人一个表达的机会，它的实质是放下架子，用温暖的微笑面对说话者，拉近彼此的关系，加强彼此的情感交流，赢得对方的信任和好感。

"听话听声，锣鼓听音"，有效沟通离不开察言观色。从某种意义上说，对方经常挂在嘴边的口头禅，多少能反映其心理活动和性格特征。那么，我们应该如何倾听呢？

◎**培养倾听的愿望，养成倾听的习惯**

交谈时，当双方都有强烈的表达欲望时，聪明人懂得先听后说，让沟通更有针对性。为此，请摒弃以自我为中心的心理，给对方足够的时间，让其把话说完。带着诚意听人讲话，不管对方说得是对还是错，都给予应有的尊重。

◎ **在倾听中控制好自己的情绪**

对方向你倾诉的时候，有的话题很有意思，有的话题则索然无味；有的话题关系到你的切身利益，有的话题则与你毫不相关……听了这些话，无论你的内心如何波动，都要控制好情绪，千万不要因自己的喜好表现出不耐烦或冷漠的表情。

◎ **有效沟通需要掌握引导话题的技巧**

一个人絮絮叨叨说很长时间，自己也会感到疲惫，倾听者可以适时引导话题。"倾听"不是只听不参与对话，用简洁的几句话让对方把心里话说出来，引导对方结束一个话题，展开下一个话题，会让沟通变得真诚而有效率。

很多人之所以没能给人留下好印象，是因为他们没有耐心做个好听众，他们只关心自己接下来要说的话，而根本不愿意耐心听别人把话说完。善于倾听的人懂得与人为善，他们所展示的心平气和、谦虚谨慎的姿态，会让沟通成为一种享受。

冷静地听，才能正确地判断

只要是没有语言障碍的人，几乎都有其独特的说话方式和语速规律。"说话"这一看似简单的行为，实际上有着复杂的发生机制，它不仅与大脑语言中枢有关，还与思维、情感、态度、性格、心理等息息相关。换句话说，不用做测试，也不用调查对方的背景，只要听其说话，就能轻松判断出对方的个性。

心理学研究发现，语速快慢能够直接体现出说话者的心理状态。语速快的人，大多是急性子，他们说话常常像上战场一样，不仅快而且急促；语速慢的人脾气温和、淡定，哪怕是发生火烧眉毛的大事，也不紧不慢、不疾不徐。

生活中，语速特别快的人和语速特别慢的人只占少数，大多数人的语速都属于中速。遇到说话速度适中的人，究竟怎样才能看透他们的内心世界呢？具体来说，我们要善于观察他们在说话时的语速变化，从细微的变化中发现不为人知的秘密。

"你们的客服热线根本打不进去，不找你找谁呢？"

"我无法和你沟通，叫你们经理过来。"

"一周时间确实有点紧张，两周时间足够了吧？可是现在过去一个月了，机器还没安装，这就是你们的工作效率吗？"

作为一个大型机械的销售人员，刘轩经常会遇到客户的各种语言攻击，他们往往气势汹汹，一上来就劈头盖脸地发泄一通。经过多年摸索和总结，他找到了一种行之有效的避免投诉的办法，并真正实现了"零投诉"。

那么，刘轩究竟是怎样做的呢？

在日常销售中，几乎所有销售人员都忽略了和客户交谈时的语速。实际上，客户的语速并不只在发怒、投诉时才会有变化，在平时的一言一行中也会产生微妙的改变，这能真实地反映他们当时的心理活动。只要在客户发火前从其语速中发现征兆并及时安抚，那么完全可以把投诉消灭在萌芽状态。

在刘轩看来，通过语速窥视客户的内心并不难。一般情况下，客户语速变快、语气变得急躁都预示着其内心的不满、不耐烦。一旦发现客户的语速出现异常，刘轩就会立即采取行之有效的安抚措施。当客户语速变得平缓时，说明安抚措施有效，如果客户语速急促的状况没有得到任何改善，那就要转变安抚策略了。

千万不要以为语速的改变是一种偶然，这种改变背后绝对有深层的心理原因。因此，在沟通中冷静地倾听，捕捉每一个微小的变化，就能获得有价值的信息，做出正确的决定。如何从语速的改变中发现沟通的秘密呢？

◎语速由慢变快

平时说话慢条斯理的人，语速突然加快，通常是受到了某种外界刺激，且刺激多为负面的。从心理学角度来说，语速变快是情绪激动的表现，人们处在惊喜、发火、愤怒、激动等情绪中时，语速往往会不自觉地加快。

◎语速由快变平

这种语速变化意味着，对方正试图通过自我控制来恢复内心平静。如果你正在与他人争论某个问题，对方的语速由快逐渐转平，那意味着你的观点和意见得到了认同。

◎语速由平变慢

语速突然变慢的原因比较多，比如缺乏自信、底气不足、假意敷衍、有意隐瞒等。至于对方语速变缓的真实原因，还要依据具体情况进行具体分析。

◎语速由平变快

绝大多数情况下，人们讲话的语速都是不快不慢的。如果语速突然加快，要么是突然听到了令人震惊的消息，要么是因为内心感到焦躁或不耐烦，从而产生了微妙的变化。

一个人语速的变化是心理变化的提前反映。如果能够透过语速的变化看到他人的心理变化，那么与对方的沟通就会变得简单。

在倾听中"察言观色"

关于如何说话，有三种常见的失误：还没轮到自己说话却抢先说了，这叫急躁；该说了却不说，这叫藏私；不会察言观色地说话，这叫乱说。会说话的前提是听清楚对方说了什么，观察对方的神色，进而选择合适的沟通策略。

不会沟通的人自说自话，完全不顾对方的感受，往往因为没把握好交谈的时机把事情搞砸，得罪了人却浑然不知。沟通是双向互动的过程，不是一厢情愿地发表演说，因此"先听后说"、"识人脸色"是有效沟通的基础。

一个代表团到杭州一家知名企业参观访问，结果刚下车就遇到了大雨。原定参观的项目只得暂停，代表团中有人抱怨："来得不是时候啊，这天气太令人扫兴了。"

负责接待事务的负责人听到这句话，意识到有人心生怨气，便随口说道："中国有句古话，'有朋自远方来，不亦乐乎'。你们看，连老天爷也为各位接风洗尘，真是天大的面子。"一句话将坏事说成了好事，让访问团成员感受到了主人的热情。

会沟通的人懂得考虑对方的感受，时刻关注对方的反应，所以花很大精力用心倾听。善于倾听的人，能听懂弦外之音，并积极寻找实现完美沟通的最佳策略，因此说话办事令人愉悦。

一位华侨老太太在游黄山时，裙子不慎被树枝刮了一个口子，顿时游兴大减，不停地叹气。旁边的导游看到老太太阴沉的脸色，立即说："夫人，这是黄山对您有情啊！它想拉住您，让您多欣赏一下这大自然的美景，不愿让您匆匆离去！"

听到这里，老太太转瞬眉开眼笑："对，是这么回事。我一直对黄山魂牵梦绕，今天必须好好游玩一番。"显然，她受到导游的开导，兴致又上来了。

懂沟通的人不会采用一厢情愿的谈话方式，那样往往让人感到厌烦。时刻照顾对方的感受，观察对方的情绪变化，采取灵活的交流方式，会让沟通变成一场愉悦的心灵对话。比如，交谈中发现对方倦怠的时候，你不妨幽默一下，让彼此放松身心，让相处的气氛相对轻松一些。

善于交际的人懂得如何处理各种突发事件，能够将各种场面处理得妥妥当当，也在于他们善于察言观色、倾听各种声音，从而获得有价值的情报。

沟通是听觉、视觉、触觉等系统综合发生作用的过程，会沟通的人善于捕捉每一个关键信息，在察言观色中精准判断各方的利益诉求、心理需求，从而为下一步沟通做好准备，不偏离正确的方向。

在人性中，总有一些共性的东西需要我们去察觉。唯有此，你才能在沟通中走进对方的心，发展合作关系。想要了解人性的共性，发现对方的讲话习惯、个人偏好，必须做一个察言观色的高手，充分把握对方的心理变化，真正做到知己知彼。

从口头禅判断对方性格

"好郁闷啊""烦死了""天啊，简直不敢相信""不错"……在沟通中，经常能够听到诸如此类的口头禅。不过，很少有人关注它们，也不会把它们放在心上。殊不知，正是这些无意识说出的口头禅，暴露了人们说话时的心理状态。

口头禅是使用频率高的小短句，与一般说话的语句不同，虽然没有明确的指向和意义，却蕴含着强烈的情绪和心态，透露出当事人的心理特色与思维习惯。

在宴请、会谈、沙龙、聚会、行业论坛等重要社交场合，善于从谈话者的口头禅中捕捉信息，有助于精准判断对方的性格，进而掌握与其有效沟通的方法，把话说到他人的心坎儿里。

经过几年磨炼，刘檀在各种社交场合越发如鱼得水。在一次朋友聚会时，不少人围拢过来请教他人际沟通的经验，刘檀高兴地与大家分享了自己的感悟和做法：

"有些人很爱说，可是人缘并不好，这类人大多不懂识人之术。其实，想把话说好，在特定的场合把话说到位，光在'说'上下工夫是远远不够的，还要揣摩对方说的话，判断对方的性格。并且，说话要'投其所好'，和一个时尚前卫的人说老掉牙的旧事，肯定没办法获得对方的好感。人们不是常说物以类聚人以群分吗？你想和什么人成为朋友，最好先成为那样的人……"

显然，刘檀能够准确判断他人的性格，和他人迅速拉近关系，得益于研究他人说的话。

心理学研究发现，一个人的口头禅是其内在心理活动的外在表现。通过研究他人的口头禅，可以轻松得知对方是哪种性格的人，进而可以用相似的口头禅赢得对方的认同。如果能深入掌握对方的心理状态与思维习惯，那就更容易拿捏对方的心思了。

生活中，口头禅实在太多了。那么，如何做出准确的判断，精准分析对方的心理与性格呢？

◎口头禅比较积极

"好棒啊""加油，努力""满血复活"等属于正面、积极的口头禅，这些话语充满激励的力量。从心理学角度分析，经常说这类口头禅的人自信心爆棚，性格开朗阳光，能够克服一切困难勇往直前。他们不仅积极乐观，而且精力旺盛，性情坚韧，与之沟通的时候，应该注意呈现自己积极向上的一面，获得对方的认同。

◎口头禅比较消极

"太倒霉了""好郁闷""糟透了"……诸如此类的口头禅比较消极，传递出满满的负能量。喜欢说这类口头禅的人性格大多内向、敏感，与之沟通的时候千万不要触及他们的底线，否则对方会做出"同归于尽"式的举动。此外，喜欢自嘲的人也很喜欢说消极的口头禅，不过他们内心很乐观，这样做只是一种口是心非的调侃。

◎口头禅比较前卫

"我和我的小伙伴们都惊呆了""还能不能愉快地玩耍了"……这些带有浓厚网络特色的口头禅时尚、前卫，让人眼前一亮。喜欢说这类口头禅的人喜欢新事物，性格洒脱，精力和求知欲都非常旺盛，喜欢尝试和冒险。和他们沟通的时候要多说"新鲜事"，不可拿旧事当新闻。

总之，口头禅消极的人，其内心也大多悲观；口头禅积极的人，其内心充满阳光和正能量。在日常沟通中，不妨多注意一下对方的口头禅，它能帮助你掌握对方的性格特点，一番运筹帷幄之后直击对方的心理痛点，把话说到对方心里去。

放下架子才能听到真话

很多人被所谓的自尊心束缚，遇到问题不肯向他人请教，导致在人前出丑，贻笑大方。显然，与人打交道应保持一份谦逊，懂得放下架子、放低姿态，表现出诚意，从而听对方说出实话、真话。

善于沟通的人都有一颗平等待人之心，有不耻下问的胸怀，所以也能随时得到他人的真心相助。相反，内心高傲、在乎面子的人被"自尊心"所累，往往因为不懂装懂闹出笑话，这其实是聪明反被聪明误。

一个博士毕业之后被分配到一家研究所，在这里他的学历最高，因此经常帮大家解决疑难问题。时间久了，他开始有些飘飘然，对其他同事不放在眼里，甚至对上司也不屑一顾。

周末，这位博士到研究所附近的河边钓鱼。过了一会儿，研究所的所长也来钓鱼了。两个人打过招呼，就各忙各的。这位所长是本科毕业，博士显然不把领导放在眼里，因此没有主动与所长聊天。

过了一会儿，所长站起来，扭了扭腰，然后从河面上大踏步走到河对面的厕所。博士把眼睛瞪得溜圆，心里惊呼："这是水上漂？怎么可能？"随后，所长上完厕所，再次从河面飞奔而回。

博士再也平静不下来。考虑到所长的学历不如自己，博士在强烈自尊心的驱使下，始终没有询问对方其中的缘由。

过了一会儿，博士也想上厕所，可是附近没有桥，如果绕行需要走20分钟。博士不想绕远，也不愿意向所长请教如何过河；于是，他起身向河里跨去，结果瞬间跌入河水中。

所长急忙把博士拉上岸，不解地问："你为什么要跳河？"博士不好意思地说："我看您从河面上走过去了，为什么我过不去呢？"

所长听了哈哈大笑："我过河的地方有两排木桩，平时是露出水面的。这两天下雨，河水上涨，木桩被淹没了，但我熟悉木桩的位置，所以能轻松过河。你既然不知道，怎么不问一声呢？"听到这里，博士的脸变得通红。

如果想听到真话、实话，想得到外界帮助，一定要放下架子，虚心请教。孔子说："三人行，必有我师。"在群体中，放低自己，抬高他人，是有效的相处之道。姿态对了，与人沟通才会顺畅。

在对话过程中，谦虚地提问才能获得真实的信息，得到善意的建议。因为你把对方放在心上，对方才会给你应有的尊重。

两个人走进一家餐厅，其中一个人傲慢地问道："今天的大闸蟹新鲜不新鲜？"服务员答道："新鲜。"然而，这位顾客随后吃到的是昨天的大闸蟹。

另一位顾客微笑着问道："今天有什么好的海鲜吗？"服务员答道："有刚刚运来的龙虾和鲈鱼，还有今天上午运到的扇贝。"最后，这位顾客点了鲈鱼，吃到了新鲜的鲈鱼。

两位顾客面对同一位服务员，之所以会有不同的待遇，完全是问话方式不同造成的。第一位顾客的问话，服务员只能有一个答案——大闸蟹。今天没有新鲜的大闸蟹，服务员只好把昨天的大闸蟹卖给顾客。

第二位顾客的问话有请教的意味，提问者是放低了姿态在询问。并且，这位顾客的问话给了服务员很大的选择空间，即便没有新鲜的大闸蟹，也可以推荐其他新鲜的菜品。于是，第二位顾客吃到了新鲜的鲈鱼。

这就是放下架子询问的效果，它能够让你获得最真实、最有益的信息。所以，在人际交往中，如果想听到真话，必须学会放低姿态与人沟通。

听懂"声音"变化的秘密

说话是一门艺术，掌握发声的力度能呈现不同的说话效果。会沟通的人懂得根据听众、气氛发声，让谈话内容表现出应有的情感色彩、价值取向。

绝大多数人只注重说话的内容，却忽略了声音的其他构成元素。研究表明，语气、声调、语速等都有奥妙。只有洞悉声音背后的心理学奥妙，

Chapter 01 听话

"会听"比"会说"更重要

听众才能分辨出弦外之音。

李雪是一家大型家居商场的导购员,有近10年的导购经验,深谙与人沟通的技巧。俗话说"听话听声,锣鼓听音",在李雪看来,听客户讲话时不能只听内容,否则容易忽视言外之意。

作为一名销售人员,如果能听懂客户声音里的秘密,那么销售业绩自然会芝麻开花节节高。李雪是怎样听出客户声音里的秘密的呢?

这一天,李雪接待了一位中年男性客户。他走进家居展厅后,似乎并没有什么特定目标,一会儿看床,一会儿看沙发,一会儿看餐桌和柜子。

"您好,想选点什么?请问我能帮您吗?"李雪主动上前打招呼。

"藤椅看起来很不错!"这位男士回答。

"这款藤椅是纯手工制作的,选用的材质是……"李雪准备详细介绍一下这款产品,没想到对方已经移步到了大床区,然后云淡风轻地说:"这款床看起来蛮有创意啊!"

还没等李雪说话,他又走到了沙发区,然后坐下来颇为享受地说:"这沙发挺舒服!"

……

通过简单的对话,李雪发现这位客户的态度一直是敷衍,对自己的问话没有正面回应。从心理学角度来说,说话敷衍意味着掩饰、伪装。由此,李雪基本断定该客户在"伪装我有购买意向",实际上可能在等人或想找个地方短暂休息一会儿。

于是,李雪热情地说:"我们的家居主打舒适,您现在坐的这个沙发,还专门设置了一个书报架,您可以体验一下顺手阅读的乐趣,正好这里有几本财经杂志。"

在李雪的引导下,这位客户真的翻开了财经杂志。为了避免过度推销给对方带来糟糕的体验,李雪没再多说什么。

20分钟后,一位女士来到展馆,直接朝中年男士所在的沙发区走去。果然,那位男士是在等人。不过出乎李雪意料的是,这位男士和女士简单说了几句话后,竟买下了那款带书报架的沙发。

话语的背后总是隐藏着多种含义，倾听的一方如果不能透过讲话者的声音看穿其内心，就可能在交谈的时候错过重要信息，甚至在毫无知觉的情况下惹怒对方。试想，如果李雪继续喋喋不休地推销下去，正在等人的男士必然心生反感，也就不会买下那个沙发了。

具体来说，怎样才能听懂"声音"背后的真实心理呢？

◎**注意声调变化**

说话时的声调是人内心情绪的真实反映。当人们感到震惊、惊喜时，声调会自然而然升高。声调低沉，而且缺少抑扬顿挫的变化，说明对方正在被负面情绪困扰，这时就不宜说喜庆的话题。

◎**掌握语气变化**

同样的话，用不同的语气表达出来，会产生完全不同的效果。倾听的时候，要尽量从对方的语气中听出真实心意。人在不耐烦、反感时，说话语气往往不友善，所以和语气恶劣的人说话不要啰唆，最好有话直说。

◎**捕捉表情变化**

你注意过他人说话时的表情变化吗？只要细心观察，就能从中窥探到对方内心的秘密。沟通中察言观色，对方喜形于色，沟通会更顺利；反之，如果对方显得很倦怠，那么还是保持沉默吧！因为不管你说什么，通常都会碰"钉子"。

心理学研究发现，一个人说话的声音会在不经意间出卖其内心。如果不能听出他人"话中有话"，无法得知他人话语中的"弦外之音"，又怎么能成为一个沟通高手呢？

Chapter 02

讲 话

对事要讲理，对人要讲情

你说的话有人喜欢听吗

在人际交往中赢得认同,离不开良好的沟通能力与说话技巧。俗话说"嘴巴甜一甜,胜过三斗田",话说得好听点儿,更容易让人亲近,赢得认同。不过,"说好话"并非一味地恭维,还要根据具体的情境拿捏好对方的心理,采取有针对性的策略,从而取得预期的效果。

同样一句话,不同的人说,差别很大,沟通效果也大相径庭。问题出在哪里呢?主要看当事人能不能站在他人的立场上,把话说得好听一些,让对方乐于接受。显然,大家喜欢听你说话,接下来的事情就好办了。

李嘉诚无疑是一位成功的商人,他不仅拥有富可敌国的财富,而且处世低调,越富有越尊重别人,说话办事总能让人十分受用。无论生活中还是工作中,李嘉诚都诚恳待人,不摆架子。这种平和、善良,让他拥有了好人缘、好关系,对生意有很大帮助。

在商业世界里,许多人把"有钱能使鬼推磨"奉为圭臬。但是,如果以这种心态去经商,恐怕要碰壁。赚钱只是一个结果,背后隐藏的是如何说话办事的学问。金钱绝对不是万能的,在做生意与别人打交道时,一定要丢掉对金钱的迷信,从尊重、信任出发,建立关系、发展业务。

李嘉诚认为,不为五斗米折腰的人哪里都有,千万别伤害了别人的尊严,尊严是非常脆弱的,经不起任何伤害。在李嘉诚看来,对下属的关心应该多于物质的刺激,在物质激励的基础上,用尊重、信任和关系赢得合作。而对待商业伙伴,也要超越资本实力的大小,用一颗平等的心来面对。说话办事的过程中有这种心态,自然令人服气。

《红楼梦》中的王熙凤是一个嘴巴很甜的人,因说话中听,博取了贾母的欢心。

嘴巴甜、说好话,并非一味阿谀他人,而是要懂得根据不同场景恰当表达，做到让人喜欢、令人满意、与人为善。这样一来，才能在待人接物方面有所长进，自己的人生境界才能更上一层楼。

劝说别人要懂得换位思考，求人办事要态度诚恳，批评别人也要不伤人自尊。会说话，擅长说"好"话，是很大的学问，在沟通中应尽量做到以下几点：

◎ **主动给对方面子**

替对方在别人面前说好话、适度地赞扬对方、及时地化解对方的尴尬，都能让对方有面子，从而乐于听你说话。

◎ **不能越过别人的底线**

每个人都有心理底线，都有不可触碰的隐私，所以讲话的时候千万不要越雷池一步，更不要故意揭对方的伤疤，否则，你会遭遇他人猛烈的回击，苦不堪言。

◎ **适度取悦他人**

为了把话说得中听，让对方心情愉悦，可以适当说几句恭维的话。满足对方的心理期望，令其精神愉悦，只要你的话恰到好处大可取悦他人，使彼此增进好感。

总之，把话说得好听一些，让对方顺心，自己做事就会更顺利。通常，一个人脾气再大，城府再深，也愿意听"好"话。如此一来，你们的关系好了，交情就有了，办事也就不难了。

讲话之前一定要做足功课

很多人在当众讲话时会心跳加速、口干舌燥、掌心出汗，这是紧张的表现。让内心变得平和，需要有备而来，也就是在讲话之前做好充分准备。

站在听众面前，知道自己要讲什么，内心会踏实很多。为此，你必须准备好讲话的内容。换句话说，一场演说不是从上台那一刻计时，而是在准备讲话内容的时候就开始了。提前做好准备，在讲话的时候才能把话说准、说清楚，听众才能听懂，这样的讲话才有意义。

◎ **明确讲话的目的，也就是发表演说的主题**

很多人开口说话之前不知道要讲什么，结果胡言乱语，听众不知所云。当然，讲话的主题与你想达到的效果紧密相关，如果不明白这一点，那么这次演说很可能达不到预期效果。

提前设想一下，演说结束之后听众会有什么想法、心态上有什么改变。比如，他们是否愿意加入你的阵营、是否接受了你的某种主张，想清楚了这些问题，就容易找到演说的方向，明确讲话的目的。

◎ **认真研究听众，满足大家的心理需求**

讲话的时候不能忽视听众的反应。在准备阶段，应该充分考虑"听众"这一因素，毕竟你的演讲是讲给他们听的。如果精心准备的内容不能被听众接受，那么之前的努力就成了无用功。

如果把一次当众讲话比作一次会餐，那么听众就是食客，会餐中的菜品就是演说的内容。在准备菜品的时候，一方面要契合会餐的主题，另一方面也要考虑客人的口味，只有将这两者完美结合，会餐才能在愉快的氛围中进行。

当众讲话也是如此，只有把主题与听众的需求都考虑进去，准备的内容才有可能与"听众"产生共鸣，从而取得成功。考虑"听众"这一要素，首先要考虑他们的文化水平，并据此采取不同的演讲方式、语言方式，这样有利于演讲者引用合适的事例进行说明，以起到事半功倍的效果。

◎ **讲话内容必须符合听众的文化习俗**

准备讲话内容的时候，还要考虑听众所处地域的习俗与价值取向，避开听众的禁忌，确保讲话内容被大家接受。

社会心理与文化习俗很微妙，讲话前如果忽视这些因素，很可能会触碰听众的心理底线，引起听众的反感。在内容设计上不触碰红线，永远遵从听众的心理认同感，自然容易引起听众的共鸣与理解。

总之，对讲话内容精心设计，考虑听众的心理认同，才能有的放矢，尽情发挥，赢得支持和掌声。聪明的讲话者都是心理专家，在演说内容设计上精心布局，不会出现慌乱、冷场的局面，一登台就能赢得满堂彩。

以情动人，以理服人

善于沟通的人能够灵活运用语言技巧，让每句话充满魅力，妥善应付交际中出现的各种情况。

沟通的目的是消除误解，取得共识，万万不可把自己的观点强加给别人。会沟通的人懂得以情动人，以理服人，三言两语之间扭转局面，令人心悦诚服。由此看来，会讲话确实是一门学问。

讲话要"通情达理"，使"情"与"理"互相交融，让沟通达到最佳效果，从而创造愉快的谈话氛围，并最终令对方心悦诚服地接受你的观点。一次成功的沟通，在语言表达上总是伴随着诚挚的感情，渗透着深奥的道理。

公元前630年，秦晋两国联合攻打郑国，郑国派烛之武到秦国做说客，力劝秦穆公退兵。

见到秦穆公之后，烛之武首先剖析了郑秦两国的关系："秦西郑东，中为晋国，如果想越过晋国攻郑，瓜分郑国的土地，非常困难。郑亡，秦国不能获利，得好处的只是晋国，而晋国得到好处之后必然对秦国不利。只要郑国存在，就可以为秦国来往使者提供给养，对秦国有百利而无一害。"

最后，烛之武话锋一转，对秦晋两国的关系做了更深入的分析："您曾经给过晋王好处，可是他是怎样回报您的呢？他答应给您焦、瑕二地，却在回国后立即筑城加强戒备。晋国哪会满足呢？它现在向东夺取郑国的土地，将来就会向西扩张。不损秦国，晋国到哪里夺取土地呢？请您深思……"

烛之武的分析充分有力，事实确凿，击中了对方要害。秦穆公听完后，当即撤兵回国。

动之以情，晓之以理。想让听众对你说的话感兴趣，并乐意接受，必须有充分的理由，要摆事实、讲道理。如果能够在感情上打动人心，效果就更好了。那么，如何才能在沟通中把握讲话技巧，做到"以情动人、以理服人"呢？

◎多引用令人感动的故事

令人感动的故事，情真意切的话语，会使人产生强烈的共鸣，这就是以情动人的奇妙效应。沟通中，感情愈浓，其语愈妙，言语愈切，感人愈深。反之，不带感情表达出来的思想，等于没有灵魂，无法深入人心。

◎充分尊重他人的意见

在沟通中，切勿随便对人说"你错了"。尊重他人的意见，给予肯定的回答，比轻易否定对方，自然更容易赢得认同。

◎沟通中不抱怨、不批评、不责备

要做到以情动人，在沟通中就要做到不抱怨、不批评、不责备，同时要给予真诚的赞赏，让对方乐意与你相处。

◎深刻理解对方的观点

深刻理解对方的观点，做到心中有数，而后据此展开对话，双方的交流才会默契，才能引发心理共鸣。如果你的理解太肤浅，观点缺乏吸引力，自然无法赢得对方认可。

◎多说双方都感兴趣的话题

抓住双方共同感兴趣的话题，进行深入交流，更容易引发心理共鸣。否则，话不投机半句多，沟通过程会变得索然无味，令人提不起兴趣。

总之，在人际交往中，沟通的总原则是以情感人、以理服人。情在理之先，理是情的坚强后盾。同时，也要忌用情过度或者得理不饶人，一切均在适度之中。只要善于驾驭情理，你就掌握了沟通的密码，能够从容应对交际中的各种情况。

Chapter 02 讲话
对事要讲理，对人要讲情

用共同话题拉近心理距离

擅长沟通的人会找话题：与科学家交谈，他们可以瞬间变身科学发烧友，就某科学问题侃侃而谈；与医生交谈，他们宛如健康顾问，可以就人体健康、疾病等发表独特看法；与孩子交流，他们可以立刻放下成人的身份与地位，蹲下身来讲童话故事……

讲对方感兴趣的话题，促使其听下去，是高情商者的本领。从心理学角度来看，共同话题能够让双方产生心理共鸣，迅速产生亲密感。人们常说"话不投机半句多"，如果没有共同话题、共同语言做支撑，那么人与人之间的交流无异于鸡同鸭讲，又怎么可能实现高效沟通、快乐对话呢？

很多人有过这样的体会：和对方说话不投机，交谈气氛变得异常尴尬，内心也会随之变得烦闷，没话找话实在是一种无形折磨。为了避免出现这种情况，在与人交谈时一定要找共同话题，以便顺利展开对话。

杰克与威廉是同一家保健品公司的销售人员，两个人与客户的搭讪方式有很大差别，销售业绩也大相径庭。

每次拜访客户，杰克讲话都非常"官方"，常常上来就直接推销产品："您好，我是××公司的业务员，您可以看一下我手上的这款产品，非常适合广大女性日常食用……"绝大多数人对推销很反感，所以杰克常常被客户拒绝，销售业绩自然不好。

威廉在与客户接触时，说话方式与杰克有很大不同："我推销商品一般坚持三步走战略：第一步，通过共同话题给对方留下好感；第二步，进行友好交谈并逐渐赢得对方的信任；第三步，待时机成熟时再适时推销商品。"

比如，威廉在推销孕妇保健品时，往往这样搭讪："看您的肚子已经五六个月了吧？我妹妹怀孕的时候肚子也非常大，这个时候尤其要多加注意，刚才看您在长椅上坐了有一会儿了，椅子上很凉，还是不要坐太久，对孩子不好……"

显然，任何一个孕妇都不会拒绝这种友善的提醒。营造共同话题的策略，让威廉很少会被客户拒绝，随着共同话题的展开，推销商品也会变得更容易。因此，威廉的销售业绩总是遥遥领先。

所谓"道不同，不相为谋"，与人交流必须建立在共同话题的基础上，如果你的话题丝毫不能引起对方的兴趣，即使费再多唇舌，也无法令对方敞开心扉。

会沟通的人懂得换位思考，善于察言观色，找到双方感兴趣的话题，从而拉近双方的距离。

◎从词汇里找共同语言

面对陌生人，我们对其喜好、性格、职业、说话风格等一无所知。在这种情况下，找到共同话题就显得尤其困难。为此，你要注意对方开口说的几句话，从中搜集特定的词汇、术语、流行语等，并用与之相似的语言进行沟通。比如，当对方提到"××表演非常精彩"，你也可以用类似的话语来找到共同话题。

◎从表达方式里找共同点

注意观察对方的表达方式，找到与之默契的地方，可以让双方更亲近。有的人说话直来直去，那么我们选择的话题就要粗犷大气、不拘小节；有的人讲话细腻讲究，充满了小资情调，那么我们选择的话题可以与电影、咖啡等有关；有的人言辞幽默，那么交谈中我们也要入乡随俗，选择轻松的话题……对方说什么，你也随之说什么。如此一来，自然能够拉近双方的心理距离，迅速取得互信。

凹地效应：说话谦逊的人更受欢迎

因为具有某些特征或优点，从而对其他事物产生吸引力，这就是"凹地效应"。正所谓"人往高处走，水往低处流"，凹地的最大特点是因为地势低洼汇集了各方之水。想要在沟通中更受欢迎，赢得认同，必须

Chapter 02 讲话
对事要讲理，对人要讲情

说话谦逊，绝不盛气凌人。

如果想提高自己的人气指数，拥有好人缘儿，就应该具备凹地的特征。说话没有棱角，让人非常舒服，自然容易聚集人气。

会沟通的人懂得"水低成海，人低成王"，因此讲话圆融，充分考虑他人的感受，并凭借这种谦逊的作风赢得认同。说话办事收敛锋芒，令人亲近，既讲感情也讲道理，自然容易打开局面。

刘天宇是一家食品公司的推销员。有一天，他向一位女士推销产品，结果对方听了几句话便露出不耐烦的神情。

正准备向对方告辞时，刘天宇突然看到窗台上摆着一盆美丽的盆栽，于是，他情不自禁地称赞："好漂亮的盆栽啊！从来没见过这个品种。"那位女士露出笑脸，得意地说："当然罕见啦，这是我几年前从非洲带回来的。"

"从非洲带回来的？那应该价格不菲吧？"刘天宇接着问道。"没错，当初拿来的时候还只是一棵幼苗，花了我几千元。"女士从容地说。"什么，几千元？"刘天宇故作惊讶地说，心想，一个盆栽要几千元，而自己的产品才几百元，如果再努力推销一下，应该有希望成交。

接着，刘天宇慢慢地把话题转入重点："每天都要浇水吗？""是的，每天都要细心地养护。"女士回答道。几句简单的交谈之后，对方敞开了心扉，开始耐心讲解如何培育植物。

刘天宇耐心听着，始终保持谦逊的姿态，让这位女士尽情表达。双方越聊越投机，刘天宇见时机成熟，随口说道："大姐，既然你这么喜欢植物，一定是位优雅、精致的女人。我今天带来的产品正是从植物里提取的精华，是纯粹的绿色食品，我觉得您可以试一试。"

这位女士听完，满心欢喜地答应了刘天宇的请求。她一边掏钱一边说："就算是我丈夫也没耐心听我唠唠叨叨讲这么多，而你耐心听了一个小时，真是难得。"

刘天宇之所以能够让这位女士购买产品，主要归功于说话时的谦逊态度。讲话谦和、圆融，能让对方获得被尊重的感觉，从而突破其心理防线，达成所愿。

中国人自古以来就视谦逊为美德，高傲自大的人难以获得他人的认同，谦逊的人永远拥有好人缘。即使你有再大的才华、再高的职位、再多的财富，也要在沟通中放低姿态、放下身段，用谦逊的方式与人对话。

◎谦逊地说话绝不能目空一切

有的人稍微取得一点儿成绩就飘飘然，说话趾高气扬，到处炫耀。久而久之，这样的人必将遭到众人的嫌弃，让人避之不及。

◎谦逊地说话要恰当地使用敬语

敬语能够体现说话者的态度，对听话者来说，可以根据对方是否使用敬语来判断自己被置于什么位置。如果领导邀请你喝酒，说道："晚上宴请一个重要客户，你也来吧！"你怎么回答呢？如果你说："好，我会去的。"领导一定不高兴，认为你抬高了自己。正确的回答应该是："谢谢领导的邀请，我一定会去的。"只有使用敬语，领导才会感受到应有的威严，内心喜悦。

◎谦逊地说话要请人评判自己的观点

很多伟大的人，都喜欢谦逊地请别人评判自己的观点，从而获得别人的认同。这样做，明显是在抬高对方的身价和权威度，因此能赢得对方的好感，得到众人的相助。

研究表明，人们普遍喜欢说话谦虚、和善的人，讨厌自恃清高的人。如果你想赢得他人的喜欢，绝不能目空一切。在措辞、语气上表现出谦卑的姿态，展示应有的诚意与敬意，更容易讨得别人的欢心，成为受欢迎的人。

别跟愚鲁的人讲道理

跟愚蠢的人讲道理正如对牛弹琴，不但不被欣赏，反而会被踢。分清讲话的对象，才能畅快沟通，达到预期目的。愚鲁的人很难被说服，所以跟他们讲道理是很困难的。

Chapter 02 讲话
对事要讲理，对人要讲情

谈话时应该看清对象，与下里巴人说话时不谈阳春白雪，反之，如果非要给下里巴人说阳春白雪，那就是自讨苦吃，甚至会搬起石头砸自己的脚。

遇到固执己见、不明事理的人，不必跟他们讲道理。换一种沟通方式，或者暂时顺着他们的心意说话，才能维持局面。

战国政治家范雎早年家境贫寒，最初想为魏国效力，因无法得见魏王，就投入大夫须贾门下。后来，魏昭王命须贾出使齐国，范雎一同前往。

齐王见到范雎之后，对他非常赏识和器重，想把他留下来。然而，范雎谢绝了。结果回到魏国后，须贾向魏王诬告范雎受贿、泄露国家机密。魏王不由分说，将范雎毒打一顿，并抛到茅厕之中。

范雎只能装死，随后在好友郑安平的帮助下逃离魏国，到了秦国。当时，秦王亲自到大厅迎接，并虚心向范雎请教治国之道。由此，范雎有了施展抱负的机遇和舞台，最终成为秦国历史上继往开来的一代名相。

魏王听信大夫须贾的一面之词，对范雎加以责罚，显得很愚蠢；而秦王主动听取范雎的意见，懂得利用能人的智慧来实现宏大的愿望。

人与人之间的沟通，是弥合分歧、建立共识的过程。如果想达成所愿，高明的策略是摸透对方的秉性，熟知对方的基本情况，从而理解他们的观点和存在的问题，进而采取正确的对策，以理服人。

生活中，识别愚鲁的人，不跟他们讲道理，自然能减少怨恨与隔阂。如果对方缺乏理性思维，就别轻易提出中肯的意见，明哲保身为上策。该说什么，不该说什么，只有摸清对方的秉性，对症下药，才能避免产生不必要的误会，确保沟通顺畅。

◎ **直接告诉愚鲁的人该做什么，该怎么做，绝不讲道理**

愚鲁的人听不懂，也不愿意听他人讲道理。通常，遇到紧急又重要的事情时，要明确告诉他们该怎么做，否则可能会误事。比如，面对团队中愚鲁的下属，应该直接给予指令，绝不容许其讲条件。

◎ **碰到愚鲁的人正在气头上，绝不顶着干**

愚鲁的人在气头上的时候最容易固执己见，不听外界的任何建议和道理。如果你仍然跟他们讲道理，注定会把关系搞僵，甚至激化矛盾。此时，应该讲究一点儿策略，先冷静、客观地分析一下他们的心态，然后避其锋芒，令其平复狂躁情绪，逐渐平息怨气，为下一步建立共识创造有利条件。

美国著名未来学家奈斯比特指出："未来竞争是管理的竞争，竞争的焦点在于每个社会组织内部成员之间及其外部组织的有效沟通上。"善于沟通的人谙熟人性，会主动寻求有效沟通的方法，因此能在关键时刻掌控局面，摆平一切。

不妨把"丑话"说在前面

在沟通中，先把"丑话"说在前面，可以避免许多不必要的麻烦。从心理学角度分析，人们倾向于按照自己的意愿、诉求理解他人的话，如果某些关键性的原则、严重的后果不事先说明，很容易因此导致后期产生误解和冲突。

把"丑话"说在前面似乎不近人情，甚至给人冷漠的印象，但是会沟通的人懂得权衡利弊，宁愿暂时令人不悦，也要言明利害，以避免后面无法收场。这其实是真正高明的沟通艺术与做事方法。

露西和安娜是无话不谈的好姐妹，两人在同一家公司就职。到了月底，经理让露西到办公室，交给她一个任务——对安娜的工作表现做评估。露西明白，公司准备辞退安娜，她也知道，安娜有工作能力，只是不适合目前的工作。

接到这个任务后，露西左右为难，心情很复杂。一方面，她想帮助安娜不被辞退；另一方面，她又不想对经理撒谎。她迫切希望安娜能够理解自己，甚至希望帮安娜找到适合的工作，使其未来能有更好的发展。

经过慎重考虑，露西决定对安娜说出实情，虽然这会令对方不高兴。露西约安娜在一家咖啡厅见面，寒暄之后如实说出了经理安排的任务。接着，露西客观分析了安娜的优势，并指出她在目前工作中的劣势。

虽然好友的话很公允，但是安娜心里很不是滋味。显然，她担心会失去这份工作，也嗔怪露西不维护自己的利益，心里多少有些失落。不过，看到好朋友对自己如此坦诚，安娜又感觉到一丝安慰。

露西最终的评估结果是安娜无法胜任现有的工作。不过，经理接受了露西的建议，将安娜调岗，让她在新的岗位上试用。这个结果出乎意料，安娜十分感激露西。两个人还是好姐妹，丝毫没有影响彼此的信任关系。

由于成长环境、所受教育不同，人们的价值观自然也不一样。与人沟通的时候，难免出现分歧，这个时候把丑话说在前头就显得至关重要。及时表明立场，让对方知道自己的底线在哪里，这样有利于在交流的时候避免踏入雷区，减少矛盾和误会。

比如，做生意时要把可能的情况说明白，事先言明利害。说明白的目的是什么呢，就是划清利益界限，约法三章，保证日后出现利益纠纷的时候能够妥善处理，并维护好彼此的合作关系。"亲兄弟明算账"，"先小人，后君子"，越是朋友，越要将规则定在前面。这是聪明人秉承的沟通之道。

会沟通的人更懂得知进退、明得失，所以说话的时候善于把握大局，不为暂时的小利丢掉长远的利益。敢于把丑话说在前头，正是把不愉快的事情扼杀在摇篮中，这种做法令人钦佩，也值得赞颂。

或许，对方会暂时误会你，甚至诋毁你，但是时间会证明一切。你的良苦用心终有一天会被理解，直至得到认同。由此看来，敢于表明立场，拒绝做老好人，对维持融洽的人际关系有百利而无一害。

Chapter

03

问 话

你想要的"答案"藏在"问题"里

反问：营造咄咄逼人的气势

在日常沟通中，"反问"是一种常用的修辞手法。它是用疑问的形式表达肯定的意思，能有效加强语气。"反问"通常是"只问不答"，因为在反问过程中已经明确表达出完整的意思，之所以用这种修辞方法是为了让语气更加强烈。

反问往往带有攻击的意味，能产生更加强烈的效果。在幽默表达中运用反问修辞，往往是针对一个人言语或者观点中的漏洞，提出一个完全相反的问题，这类问题不仅直指对方的破绽，而且出人意料，所以更具冲击力。

在英国的一个休闲沙龙里，一位绅士大谈流行文化，从诗歌到音乐，滔滔不绝，根本不考虑周围人的感受。他反复强调，凡是流行的都是好的。

旁边的女士最终忍无可忍，反问道："先生，流行性感冒呢？"

听到女士这样质疑，绅士顿时哑口无言。

这位女士抓住了绅士言语上的破绽，一语中的，彻底否定了对方的观点，其幽默令人叫绝。用反问的形式表达幽默非常普遍，其出人意料的效果令人印象深刻。

为了改善外交关系，美国前国务卿基辛格曾访问莫斯科，这次友好对话缓和了美苏两国的激烈对抗。在访问过程中，基辛格向随行的记者介绍："苏联生产导弹的速度大约是每年250枚。"

一位随行的美国记者立刻问道："我们呢，美国究竟有多少潜艇导弹配置了分导式多弹头？究竟有多少'民兵'导弹配置了分导式多弹头？"

基辛格看了看这位记者，说道："我不知道有多少'民兵'导弹配置了分导式多弹头，至于潜艇的数目我是知道的，但不知道它是不是保密的。"

Chapter 03 问话
你想要的"答案"藏在"问题"里

记者紧跟着说道:"不是保密的。"

基辛格立即反问道:"既然不是保密的,请你说是多少呢?"

对于这个问题,记者当然答不上来,如果知道答案他就不会向基辛格提问了。在与记者的问答中,基辛格一步步将记者诱骗到自己的圈套中,并采用反问的方式"请君入瓮"。面对这样的反问,提问者即便心有不甘,也只能无奈作罢。

像基辛格这样的反问属于诱发式,即通过提问让对方落入圈套,就像给自己挖了一个坑,最后不得不作茧自缚。除了这种诱发式的反问,还有步步紧逼式的反问,即以连环提问的形式向对方步步紧逼,让对方毫无招架之力,从而一举获得胜利。

上面这些情况多数是在面对诘难的时候采用的反问手法,也有为了活跃氛围而提出反问的情形,这时候的反问大多带有诙谐、滑稽的色彩。

2012年,诺贝尔文学奖得主莫言赴瑞典名校斯德哥尔摩大学参加作品交流会。在会议将要结束的时候,一位中国学生向他提问:"莫言老师,你幸福吗?幸福的源泉是什么?我们该采取怎样的方式获取幸福?"

这个问题把现场的中国学生、学者都逗乐了。因为当时央视刚刚推出《走基层百姓心声》栏目,特别调查"幸福是什么"。同时,网上也流传着对"你幸福吗"这一提问的各种神回复。

听到这个问题,莫言也不禁笑了起来,并且幽默地反问了一句:"你是央视的吗?"这句话一出口,又把会场的气氛推向了高潮。大家都对莫言风趣的谈吐钦佩不已。

在人际沟通中,针对特殊情景、特殊对象的提问进行反问,能制造幽默效果,活跃现场气氛。这些反问往往剑走偏锋,有悖常理,于诙谐风趣之间令人捧腹,将当事人的幽默展现得淋漓尽致。

面对自己不愿意提及的事情或话题,当对方热衷于此,并在一旁喋喋不休时,如果直言拒绝显得非常不礼貌,但是继续听下去又在浪费自己的时间,不妨从中找出一个破绽,适时提出反问,这样不但可以让对方及时收声,也能让自己从困境中解脱出来。

进三步退两步，得到你想要的信息

为了解答心中的疑惑，揭开真相，你需要向周围的人提问。如何问话对方才乐于回答？怎样引导对才会把真相据实相告？

有人认为，直接提出问题，让对方正面回答，简单易行。虽然这样的提问最接近真相，但也最容易引起对方的戒备。如果问题过于敏感，或者涉及他人的隐私，显然无法得到真实有效的信息。

还有人认为，想听到真话，提问的时候必须在气势上压倒对方，以咄咄逼人的方式令其吐露实情。在特定环境里，这种方式可能会让人如愿以偿，比如警察盘问罪犯，但是在日常生活中，交流的双方处于平等的地位，这种胁迫的方式只能激起对方的反抗。

善于沟通的人不会直来直往，他们谙熟人的心理，在提问时懂得做铺垫，从而得到想要的答案。比如，提出激烈的问题之前，他们会先问一些平和的问题，让对方放下戒备，从而有利于从对方那里获得真相。这种进三步退两步的提问方式，其实是一种高明的对话技巧与提问艺术。

李曼和丈夫结婚三年了，两个人的感情渐渐趋于平淡，生活压力让他们没有了恋爱时的甜蜜，生活中多了争吵。丈夫厌倦这样的家庭生活，经常以加班为由躲在办公室里，很晚才回家。结果，这加剧了李曼的疑心，两个人争吵得更厉害了。

这一天，丈夫彻夜未归，直到第二天凌晨才回家。李曼非常生气，想当面质问丈夫昨晚和谁在一起，可是转念一想，如果直接质问，势必听到一番谎话。于是，李曼若无其事地说："瞧你这一身酒气，昨晚到底喝了多少？"看到妻子嗔怪的样子，丈夫觉得过意不去，略带愧疚说道："没喝多少，就喝了几杯。"

李曼接着问："是谁让你喝了这么多？难道不知道你不能喝酒吗？下次别和他们一起喝酒了。"看着在一旁忙碌的妻子，丈夫更加内疚了，说出了实情："从广东那边来了几个客户，非要玩通宵，实在没办法推辞。

还好合同签了，也算对得起这一晚的折腾了。"

听到这里，李曼得知丈夫昨晚在陪重要客户，不免心疼起来。李曼通过铺垫问话的方式知道了真相，解开了双方的误解。试想一下，如果李曼厉声质问丈夫昨晚和谁在一起，恐怕就是另一番景象了。

提出问题，是为了从对方那里听到真话。当直接提问无法得到满意的答复时，可以采用迂回式的提问方式，解开心中的谜团。在抛出问题的时候，先后退两步，从其他方向靠近，消除对方的戒备，这样反而更容易得到想要的答案，一步步接近真相。

提问的时候，先从比较容易回答的问题入手，让对方消除心理戒备，这样更容易展开对话。你的问题没有难度，问话方式让人觉得舒服，回答问题的人才会知无不言，言无不尽。

一问一答之间，既有信息的传递，也有心力的较量。如果提问的人趾高气扬、咄咄逼人，那么回答的人就会感觉到压力，心里感觉不舒服，自然不会据实相告。提出问题的时候举重若轻，照顾对方的感受，并懂得运用迂回策略，才容易让对方侃侃而谈，从而获取有价值的信息。

反复提问的人缺乏安全感

有的人生性敏感，哪怕一点儿小变化也会令其疑心重重，然后进入无限"追问"模式，不一口气问到自己安心决不罢休。比如，无意中看到丈夫的手机中有陌生来电，就会忍不住追问："这个号码怎么没见过，谁打的？男人还是女人，打电话来干什么……"

众所周知，无休止的追问往往令人心生厌烦，但为什么这类人就是停不下来呢？心理学研究发现，一些人明知道反复提问不妥，但就是无法自控，根本原因在于其敏感、多疑的性格。

性格不仅决定命运，还决定人们的说话方式。内心敏感、多疑的人，大多心理极度缺乏安全感，为了得到让自己心安的"答案"，他们宁愿冒着被厌烦、关系破裂的风险不停地追问下去。

不久前，阿菊离职了。作为公司的业务骨干，她不仅没有得到部门领导的重视，反而处处被业绩平平、爱打扮的女同事周丽压一头。

在公司里，阿菊与同事马然关系最好，两个人中午常常相约一起吃午饭，周末还偶尔一起逛街，平常无话不谈。私下里，阿菊常常和马然吐槽周丽："领导一定是糊涂了，居然把周丽这个花瓶当作重点培养对象。上个月，本来有一个加薪名额，我递交了加薪申请，本来十拿九稳的事情，结果没有成功。神奇的是，周丽的加薪申请通过了。我严重怀疑是不是有什么职场潜规则，果然漂亮就是资本……"

阿菊对周丽有诸多不满，但是在日常工作中从未表现出来，只是私下和马然发牢骚。不料，部门领导竟然找阿菊谈话，批评她背后说周丽的坏话，严重破坏了同事之间的团结与友爱，并要求阿菊顾全大局，向周丽诚恳地道歉。

此事令阿菊十分恼火，她第一反应就是"有人告密"。最近，阿菊只和马然发过牢骚，因此这个告密者不可能是其他人。从领导办公室出来后，阿菊把马然拉到茶水间质问："你为什么要把我吐槽周丽的事情告诉领导？"

听到阿菊的责问，马然完全不知道是怎么回事，只是吃惊地说："领导知道这件事了？不是我说的呀。"但是，阿菊根本不相信马然，情绪激动地追问："全公司就你一个人知道，不是你说的还会是谁？你为什么要这么做？对你有什么好处？"

面对严厉的质疑与追问，马然发脾气了："我说过了，不是我告的密！"阿菊不肯低头向马然道歉，所以一气之下提交了辞职报告。然而，离职前交接工作时，她才知道自己冤枉了马然。原来，那次她在咖啡厅向马然诉苦时，恰好周丽在隔壁包间约客户谈事，听到了阿菊的抱怨。

许多人像阿菊一样多疑，在其"反复质疑""反复追问"下将失去最可靠的伙伴。内心敏感、多疑，并非不可救药，在沟通中要避免"反复提问"的说话模式，不把对方逼到死角。

将心比心，没有人愿意被他人否定、质疑，所以在开口追问对方之前，一定要掌握好分寸，将提问的次数、所提的问题等尽量简化至他人可接受的程度。此外，提问时千万要注意语气，温和有礼的提问往往比气势汹汹的质问更富有人情味，也更容易获得对方谅解。

喜欢三追四问的人大多内心没有安全感，并且把安全感寄托于他人。因此，如果不希望反复提问伤及他人，最好学会主动构建内心的安全感，内心保持淡定。

以试探性问题突破对方内心防线

一项调查显示，超过80%的人不愿意与陌生人交谈，如果没有必要，很少有人会主动结识陌生人。与不熟悉的人交往，人们往往疑虑重重，警戒心很高，所以讲话都要保留几分。

当你需要与陌生人沟通时，如何消除对方的疑虑呢？想从别人那里获得有价值的信息，让沟通变得顺畅起来，需要打破对方内心深处那道防御的壁垒。只有两个人之间的障碍被扫除，双方的交流才会更加深入，也才有可能听到真话。

人与人之间的交流往往从提问开始，熟人相见总会问一句"吃了吗"，或者问一句"最近过得怎么样"等，陌生人的交流多数也要从提问开始。问话的时候，需格外小心，别触碰对方的禁忌，以免让对方尴尬。

一开始，你可以提一些探路式的问题，这种问题就像探路的小石子，并没有什么杀伤力，不会引起对方的过激反应。通常，面对这些没有杀伤力的问题，应答者在回答问题的过程中会放下心里的戒备。

高欣参加一位高中同学的婚宴，由于堵车迟到了，到达酒店的时候，结婚典礼已经开始，他只好在靠近门口的一张桌子旁落座。

恰好，这一桌多是他的高中同学，大家趁这次机会开始了解彼此的近况。然而，高欣发现，坐在自己旁边的一位女孩儿不是高中同学，显得很不自然。高欣想认识这位漂亮的女孩儿，于是给对方倒了一杯饮料，问道："你是新郎的朋友，还是新娘的朋友？"

女孩儿谢过高欣之后，说道："我是新娘的大学同学。"

高欣问道："我是新郎的高中同学，听说新郎、新娘在同一所大学读书，新郎也是你的校友，你们不认识吗？"

女孩儿回答："我们不是一个专业的，我和新郎不太熟。我和新娘很熟悉，我们是一个宿舍的舍友。"

高欣又问："那你一定知道他们是怎么认识的了，是不是很浪漫的邂逅呢？"

女孩儿回答："说到两个人相识，倒是有我一份功劳。有一次，我让新娘帮我充话费，在输入号码的时候她按错了两个数字，结果话费就充到了新郎的手机上。新娘打电话讨要话费，于是认识了新郎。"

高欣说："这么说，你也算媒人，不知道媒人怎么称呼？"

女孩儿回答："我叫……"

在社交场合，面对初次见面的人，提问题一定要谨慎。由于是初次见面，对方并不了解你的为人和动机，所以出于自我保护的本能，在回答问题时往往有所戒备。他们会在自己面前筑起一堵墙，以免受伤害；有时候为了保险起见，甚至拒绝回答问题。

从心理学角度分析，人们都有自我保护意识，在内心深处都有排他性，这会对双方的交流造成一定的障碍。因此，在正式交流之前要打破这个障碍。通过探路式提问，用试探性的问题一步步突破对方内心的防线，为听到真话创造条件。

探路式的问题就像投入湖水的石子，能够激起阵阵涟漪，一点点冲垮对方的心理防线，打破两个人的沟通壁垒。如果你能把想要的答案藏在问题里，那么就更容易通过提问获得有价值的信息了。

多问对方在行的问题

与陌生人打交道，最重要的是让对方侃侃而谈，从而得到自己想要的信息。然而，双方的不熟悉以及对方心中的自我保护意识，让沟通变

Chapter 03 问话
你想要的"答案"藏在"问题"里

得非常困难。想要打破僵局,你可以试着了解对方的职业、喜好,询问对方在行的问题,从而拉近彼此的距离。

心理学研究显示,人们对自己熟悉、擅长的话题,有一种天然的亲切感,并乐于与他人分享自己的见解。因此,想让对方乐于回应我们,就要挑对方擅长的话题来发问。在谈话的过程中,只要找准对方的兴趣,了解对方擅长的领域,然后选择合适的问题,就一定能够打开对方的话匣子。随后,你就能听到真话,获得有价值的信息。

在自己的兴趣范围内,人们有倾诉的渴望。比如,与一位象棋高手聊天,可以从下棋的乐趣入手,询问对方下棋的心得以及对方在对弈中有哪些难忘的棋局。如果你也懂一点儿象棋,两个人会聊得更加投机。

大学毕业之后,孙浩创办了一家广告公司。开始几个月,公司没有接到多少业务,仅仅能够维持收支平衡。

这一天,孙浩从朋友那里得知,当地一家大型房地产公司要为新楼盘宣传造势,准备寻找广告公司合作。孙浩明白,如果能够拿下这个单子,公司的经营状况将会极大改观。经过一番准备,孙浩走进了这家房地产公司的办公大楼。

不过,孙浩没有与这家公司的宣传主管接洽,而是直接找到了董事长。打过招呼之后,孙浩没有急于表现合作的意愿,而是问董事长:"我知道您是建筑工人出身,创业之初也只是组建了一个建筑队,只有十几个人。那么,您是如何一步步走到今天的呢?"

显然,孙浩这几句富有诚意的问话,让董事长回到了艰苦创业的回忆里。那段艰难困苦的日子历历在目,董事长看着眼前这个年轻人,仿佛看到了当年的自己。于是,他开始向孙浩讲述自己当年如何萌生创业的念头,又是如何带领十几个人的建筑队在这座城市里拼杀。

整个沟通过程中,董事长时而表情凝重,时而眉飞色舞。孙浩一边耐心倾听,一边适时表达仰慕,董事长越说越投入,完全把孙浩当成了合作多年的伙伴。

忽然,秘书走进来,对董事长说:"这是宣传部送来的3家广告公司的资料,请您审核一下。"董事长表示稍后会看,秘书离开办公室之后,孙浩接着问道:"您开发的每一个楼盘都有突出的特色,不知道这次新楼盘您想展现什么主题?"

董事长正在兴头上,对这个问题没有做任何保留,和盘托出。有了这段重要的信息,孙浩在随后的竞争中击败了所有对手,赢得了这次合作机会。

喜欢向他人炫耀自己的成就,以期获得对方的尊重与赞赏,这是一种普遍心理。讨论对方得意的事情,能满足对方的自尊需求,也能让对方打开话匣子。孙浩抓住这一点,并以此为切入点提出问题,让房地产公司董事长大谈自己的得意之事,结果得到了重要情报。

在交流过程中,通过提问对方擅长的话题,让对方侃侃而谈,从而令其在心理上获得极大满足,可以"套"出有价值的信息。因此,提问的时候不妨察言观色,从对方擅长的领域入手,提出最能激发对方倾诉欲望的话题。做到了这一点,你就是聊天高手,也是善于与人打交道的情报专家。

懂沟通的人善于发现对方的兴趣所在,从而找准话题,并用提问的方式引导对方倾诉,最大程度调动对方的积极性,从而获取想要的答案。

问得越具体,回答的人越省力

提出问题以后,对方答非所问,甚至驴唇不对马嘴,会令人心急火燎。但是,你有没有想过,自己的提问存在很大问题?你问清楚了吗?

对方回答问题很模糊或者不明确,可能是因为你问得不够明确、不够具体,从而使对方偏离方向。显然,提问的人出了差错,对方给出的答案也会谬以千里。

提问的时候,切忌说一些不相干的事情,也不要有太多的铺垫。因为这些铺垫可能会把回答问题的人带入误区,信息越多反而越容易使思维混乱。一开始就把问题摆到眼前,让对方明白你问的是什么,然后再

Chapter 03 问话
你想要的"答案"藏在"问题"里

对问题进行详细阐述,这样更容易避免造成误解。

提问的时候做了大量铺垫,把核心问题留到最后,势必会分散对方的注意力,使其抓不住问题的重点。面对面的对话与写文章不同,不需要太多华丽的铺垫,你只要把问题说明白就行了。通常,问题越具体,对方越能把握住提问的重点,进而给出满意的答案。

比如,你在超市买东西,情急之下忘了物品的名字,这时你可以向售货员描述物品的外观、颜色、形状、功用等。这个物品是厨房用品,还是生活用品,售货员获得准确信息后,自然容易猜到你想要买什么。

如何让问题具体化?最简单的办法是把问题分解一下,从简单到深入,一步一步地问。有的问题比较复杂,那么就把它扩展一下,分散成几个小问题,然后根据这些细小问题的先后顺序或逻辑顺序逐个提问,分别得到满意的答案,最后彻底解决心中的疑问。

一步步地提问并得到答案,与制作一道复杂的菜肴一样。先确定需要哪些原料,然后分别把它们买回来;接着,将原料清洗干净,摆放到眼前;再根据做菜的工序,进行煎炒烹炸;最后,一道美味佳肴就完成了。

从被提问者的角度看,你问得越具体,回答起来也越省力。被提问的人能够第一时间抓住问题的重点,就能立刻给出准确的答案,这样双方都会省时省力。提问不是一个人的事情,应该考虑双方的处境。如果提问的人只考虑自己,不研究对方的接受程度、语言习惯等,就容易产生认知上的偏差和误解,让沟通变得异常艰难。

提问的时候一定要遵循一般的对话习惯,长话短说,简明扼要地表述问题。有的人说话啰唆,喜欢把问题复杂化,将一些不太相关的问题也掺和进来,这就舍本逐末了。因此,提问的时候一定要理清思路,有针对性地提出疑问。

一问一答,考验的是双方的默契。为了沟通顺畅,任何一方都要懂得体谅对方,不能耍性子,更不能刁难对方。心里装着对方,替对方考虑,才能在默契中建立信任,确保对方得到满意的结果。

Chapter 04

回 话

注意说话的逻辑和措辞风格

沟通效果取决于你的回应

美国沟通学家罗恩·赫伯特曾说:"两个人对某件事情的认知性趋同,亲和力与沟通就会提高,而彼此的了解也就增加了。"显然,面对他人的提问,你能给予积极的回馈,自然会让沟通更顺畅,实现良性互动。

有效的沟通就是说对方想听的,听对方想说的。双方都能主动回应,沟通的质量就会大大提升。为此,你必须用心倾听对方讲话,并对他人的信息进行有效的编码、解码,第一时间进行信息反馈。

从自己的角度看,首先要了解对方想听什么,可以通过认同、赞美、询问需求的方式实现,并以对方感兴趣的方式表达,灵活运用说话的艺术。采用恰当的说话方式,可以吸引听众的注意力,充分展示自己的意图。

反过来说,如何做一个合格的倾听者呢?善于倾听的人,不是三缄其口,而是当对方畅谈自己的想法时,懂得以眼神交流,用肢体语言做出回应,让对方感受到你的热情与兴趣。显然,积极的回应能够鼓励对方继续说下去。适时点头、微笑,都会提升沟通的效果,让彼此的交流变得和谐、畅快。

在一家著名酒店,一位客人用完餐之后悄悄将精美的筷子装入了西装的口袋。这一举动,恰巧被旁边的服务生看到了。

这位服务生没有大动干戈,而是不动声色地走到客人面前,将一个装有筷子的精致小盒子递过去,微笑着说:"先生,您好!我发现您在用餐过程中,对酒店的餐具爱不释手,可以看出您非常喜爱这套餐具。经主管批准,我代表餐厅将这双图案精美、做工精细的筷子以'优惠价格'算在餐费中,如何?"

客人当然明白服务生的真正意思,立即笑着说:"非常感谢餐厅如此用心，刚才的用餐过程很愉快，因为多喝了点酒，竟然不小心误将筷子放入口袋了。"

随即，客人取出餐具，并顺着服务生的话题说："既然你将这双消过毒的筷子给我，我就'以旧换新'吧！"然后，他接过服务生递过来的精美盒子，很有风度地结账离开了。

服务生机智巧妙地与客人沟通，既维护了客人的颜面，又保护了餐厅的利益，取得了双赢。面对客人不检点的行为，服务生巧妙回应，瞬间化解了尴尬局面，显示出高超的沟通技巧。

在谈到说话的艺术时，美国作家爱默生写道："让人倾听是一种权利，是说服、强迫、传达，就是消除别人心中原本的念头，并使之接受你的意念。"诚然，每个人都有让人倾听的权利，但是让别人信服与遵从，则依赖于高超的说话技巧与回话艺术。

有人片面地认为，沟通只是信息的交流。实际上，有效的沟通更注重思想和情感的交流。你要给予对方应有的尊重，维护对方的面子，从而获得对方的认可。有了这一前提，双方才能在充分理解的基础上达成默契，避免产生不必要的误解与冲突。

说对方想听的，以对方感兴趣的方式说，是沟通的一个重要原则。沟通中，细致入微地观察，抓住对方的心理，是十分必要的。用"心"去沟通，才能收到有效的回应。

折半理论：巧妙解答他人的疑问

在沟通中，面对他人的提问，必须及时给予正面回应，从而增进彼此的信任和理解，形成良性互动。

然而，有时候他人的问题刁钻古怪，或者不太友善，不容易圆满答复。如果拒绝回答，会显得没礼貌、失了风度，而给予正面回答又心有不甘。此时，你可以采用"折半理论"，巧妙地解答他人的疑问。

所谓"折半理论"，就是打对折。对听众提出的问题，不做完全答复，回答一半，另一半不回答。这种做法能有效避免尴尬，让对方没有脾气。

在2004年雅典奥运会上，刘翔在110米栏比赛中以12秒91的成绩打破了世界纪录，刷新了田径运动的历史。赛后，世界各地的体育记者跑来采访，刘翔始终从容回答记者的提问。

然而，当采访即将结束时，日本《朝日新闻》的一个记者提问："田径短跑一直以来都是亚洲人的劣势，很多人对你的成绩的真实性感到怀疑，大家认为你可能服用了兴奋剂，而这种兴奋剂无法查出来。请问，你怎样看待这种说法？"

面对日本记者别有用心的发问，刘翔没有发怒，而是从容地回答："中国的医学没有日本发达，服用兴奋剂的历史也没有日本悠久，如果有这种查不出的兴奋剂，日本运动员肯定早就使用了。不过，唯一可以肯定的是，即使日本运动员使用了这种兴奋剂，他们也进不了前两名，更别提拿冠军了！"

这番回答令提问者哑口无言，只得悻悻离去。刘翔巧妙运用折半理论，既直接回答了日本记者的提问，又间接表明了自己没有服用兴奋剂，显示了高超的应对技巧。

面对难以回答的问题，或者故意挑衅的逼问，我们必须学会打太极，既要给予正面回应，又在措辞中巧妙躲闪。这种滴水不漏的回话艺术，是应对尴尬场面的利器。

2006年3月11日，在全国两会新闻发布会上，国家环境保护总局局长针对松花江污染问题向中外记者做出承诺："松花江今年春天不会再出现二次污染。"对此，一位记者提问："如果再次出现二次污染，您会不会也像前任那样被问责、解职？您对此有什么看法？"

"首先，很感谢你对我个人前途的关心。我在这里表个态，我争取不辞职！"环境保护总局局长答道。面对这种尴尬的问题，他没有逃避，而是以退为进，表面上回答自己争取不辞职，实质上在强调一定不让二次污染再次发生。

在演讲中，随时需要回答一些犀利的问题。这时候，演讲的人不应选择逃避，因为这会令听众觉得你不真诚或者知识素养不高。演讲者应沉着冷静，根据问题的实际情况理智分析，然后采用折半理论巧妙回答。给予听众正面的回应，才能令人信服，进而取得良好的互动效果。

总之，运用折半理论回答问题，是一种高超的回话技巧，也是沟通智慧的展现。会沟通的人善于应对各种复杂场面，让人生大放异彩。

高情商的人，懂得拒绝

一个人终究能力有限，做不到无所不能，因此沟通中要懂得拒绝他人，不可什么事都应承下来。情商高的人懂得说"不"，既回绝了对方，自己心里也舒服。显然，相比无原则地给予，有原则的拒绝才是真正高明的沟通智慧。

比如，当别人有求于你，而你出于各种原因，不能接受又不好直说时，就要根据不同的情境巧妙地说"不"。

尽管说"不"有很多方式，缘由也千差万别，但是既然做出了选择，就要温和而坚定地回绝对方，而不要含糊其辞，更不能因为碍于面子而违心地先答应对方。美国总统富兰克林·罗斯福就是一个善于说"不"的人，这让他少了许多不必要的麻烦。

在就任美国总统之前，富兰克林·罗斯福曾在海军部担任要职。有一次，他的一位好友打听海军建潜艇基地的计划。罗斯福神秘地向四周看了看，压低声音问朋友："你能保密吗？"

朋友认真地回答："当然能！"接着，罗斯福微笑着说："我也能！"罗斯福既没有在朋友面前泄密，也没有令对方陷入难堪，取得了极好的沟通效果，以至于多年以后，这位朋友还能愉快地谈及这段往事。

沟通是一门艺术，是很大的学问。同样是对他人说"不"，有的人能因此拯救一国之难，也有人因此招来灾祸，一切都由人掌握。情商高的人懂得趋利避害，不让悲剧发生，每句话都能说得令人受用，易于接受。

如果一位女性朋友问你："我漂亮吗？"即使她长得不漂亮，你也不能据实回答。为了避免刺伤对方的自尊心，不妨拐个弯："不，漂亮只是俗人对外貌的评价，依我个人的眼光，你的美是内外结合，更让人无法拒绝。"这个"不"字的使用，不是各得其乐吗？

在人际沟通中，"说者无心，听者有意"，有时候一句无心的话，在别人那里可能会引起轩然大波。在这种情况下，为了不引起误会，为了避免招惹是非，你要学会巧妙拒绝的说话技巧。

拒绝不是冷漠，而是反对不合理要求、避免自己因此痛苦。不懂得拒绝，可能会后患无穷。不懂得拒绝，不但对自己无益，还会阻碍别人前进。因此，学会适当的拒绝，能让你活得更自由，在交际中也不会受委屈。

◎掌握"是"与"否"的措辞之法

平时把"是"与"否"的用法分辨清楚，对不同的人用不同的表达方法。回答别人的问题时，灵活使用"是"与"否"，才能不引起他人反感。

◎别直截了当说"不"

即使你已经决定要拒绝对方，也不要直截了当地说"不"，否则对方会误以为你对他所说的根本毫无诚意。

◎不可以得理不饶人

即使你感觉自己的理由很充分，甚至根本不容对方质疑，也应该注意，千万不要把话说得太绝对，否则容易伤害对方。

◎让对方体会你的苦衷

拒绝对方的时候，可以先设身处地地为对方设想，让对方明白你之所以说"不"是有难言之隐的，是迫不得已的。

别在错误的时间发言或沉默

说话要看时机，该说的时候一定要说，不该说的时候一定要保持沉默。汇报工作的时候，你要接受领导的问询，中间会有停顿，因此把控好发言的节奏很重要。

Chapter 04 回话
注意说话的逻辑和措辞风格

该发言的时候沉默下来，该沉默的时候抢话说，都会给人留下说话没分寸的印象。有时候，甚至会因为打断领导发言而把局面搞砸。

汇报工作的时候，要懂得察言观色。比如领导说错话的时候，你直接指明或者默不做声，都是不合时宜的，要根据现场状况灵活采取对策，做到谨言慎行，才不会惹人厌烦。

领导说错了一句话，场面非常尴尬，其心理状态不稳定，这时候你如果表露出讥笑之意，明显会伤害其自尊心，瞬间引爆定时炸弹。会沟通的人善于把握对方的心理，能够及时洞察先机，全力摆脱眼前的尴尬状态。有的人发现领导说错话时，会兴奋异常，立刻添油加醋或者冷嘲热讽，这样的人显然缺乏人际沟通的智慧。

也许你会说，保持沉默吧！然而，这也不是万全之策。你不说话，领导会认为你默认了眼前的事实，甚至认为你在看他的好戏，结果必然造成更大的误会。

这个时候有两个选择，一是装作什么都没听见，当作刚才的事情没有发生，即便发生了，自己也不知道。无视已经发生的事实，能避免领导心理上的尴尬，这种难得糊涂的策略有助于摆脱窘境。

二是主动站出来，想办法将过错转移到别的事情上，或者自己承担这个责任。虽然领导当场可能会给你一些处罚，但是他一定会记得你，日后给你更多发展机会。这时候，主动承担错误成了一个机会，关键是一定要把握好火候，运用好眼前的时机。

开会的时候，领导对你汇报的工作情况进行点评，不小心说错了一句话，顿时场面陷入尴尬。如果领导是一个敢作敢当的坦荡君子，那么他自然会承认错误；如果领导是一个好面子的人，则需要你出手相助了。

不要因害怕说错话或者办错事而保持沉默，越不说话，存在感越低，慢慢的大家甚至感觉不到你的存在。领导因为说错话正处于尴尬中，你果断出面揽责，会得到领导的心理认同。在职场中，认真努力工作很重要，但是有时候会做人会说话也很重要，该争取的就要勇敢争取，该把握的就不要眼睁睁地错过。

别在错误的时间发言或者沉默,说话要找适当的时机,不能想说什么就说什么,或者想什么时候说就什么时候说。汇报工作是一个交流的过程,既要向外界传递信息,也要接受外界的反馈。无论继续说下去,还是选择停下来,都要把握好节奏,在说对话的同时办对事。

用歪理来制服歪理

幽默是沟通的利器,它能超出人们的心理预期,打破常规的思维模式,带给人更多欢笑和愉悦体验,令人回味无穷。正是因为这种不确定性,幽默显得毫无规律可言,甚至给人不讲道理的印象,但事实上它却能使我们的沟通更加顺利。

在沟通过程中,人们更愿意听到生动有趣的话,而不是干巴巴的话。所以,不讲道理的幽默谈吐瞬间俘获人心,在笑声中完成信息交流,沟通成为一种享受。

从心理学角度看,人们并不想听长篇大论的说教,也厌烦毫无趣味可言的理性分析。那么,为何不用幽默的谈吐去交流呢?比如,在劝说他人的时候,你只需稍微点拨并切中关键点,就能提醒对方、令其思考。如果再添加一些幽默的言辞,则更能令人愿意倾听,进而达到良好的劝解效果。

一位知县故意为难手下的一名衙役,限他在三天内买到100个公鸡下的蛋,否则就给予严惩。听到这荒唐的命令,衙役苦不堪言,但他不敢违抗知县的命令,只得遵命。一天买不到,两天买不到,眼看到了第三天,衙役被折磨得焦头烂额,准备前去向知县领罪。

衙役的女儿看到这种情况,向父亲问明来龙去脉,然后说:"父亲不必着急,我代你向知县老爷回话。"说完,女儿就直奔县衙,一边击鼓,一边大喊"领罪"。

知县立即升堂,得知是衙役的女儿,顿时勃然大怒:"为什么你父

Chapter 04 回话
注意说话的逻辑和措辞风格

亲没来？"

衙役的女儿说："禀告大人，我父亲正在家里坐月子，不能走动，特命我前来向知县领罪。"

知县怒吼道："胡说八道，一个男人怎么能生孩子？"

衙役的女儿立即反问道："既然男人不能生孩子，那么公鸡又怎么能下蛋呢？"

顿时，知县哑口无言，不得不撤销了对衙役的惩罚。

知县一开始便提出了一个无理取闹的要求，衙役明白，如果跟上司讲道理肯定无济于事，所以只好答应照办。衙役的女儿为了替父亲解围，干脆将计就计，用幽默的方法把真理告诉知县，最终使衙役免于受惩罚。既然知县不讲道理，衙役的女儿也摆出一套歪理，在制造幽默效果的同时表明了态度，让对方不得不承认。

人们讲话和思考的基本法门就是把不同事物的概念区别开来，而幽默似乎要把语言和思维搞乱了才肯罢休。如果不能接受日常语言和理性思维的规范服从于幽默谈吐和思维的规范，那么你就可能会把自己关在幽默的大门之外。

幽默是不讲道理的道理，因此不能用常规思维考虑问题、组织语言。而这种出人预料的表达方式，经常让听众感觉到新奇。用生动的语言表达思想，并借助非逻辑思维制造趣味，从而起到"润物细无声"的效果，这就是幽默最具魅力的地方。

在一个荒年，一个老农到县府报告灾情。县官问老农："今年的麦子收了几成？"老农答道："三成。"县官又问："棉花收了几成？"老农说："收了三成。"县官又问："谷子收了几成？"老农仍然说："三成。"

县官听完大怒："你今年收了九成的粮食，竟然还敢说是荒年，我判你谎报灾情！"听到这里，老农镇定自若地说："的确是荒年啊，我活了150岁，还没见过这么大的灾情啊。"

县官一听便好奇地问："你有150岁了？"老农说："我今年70岁，儿子50岁，孙子30岁，加起来是150岁呀。"

县官顿时勃然大怒:"真是荒唐,哪有你这样算年纪的?"老农回应道:"哪有你这样算收成的?"

"有话请直说",这是人们经常挂在嘴边的一句话。不过,"直说"往往不被人接受,还是要区分时间和场合。面对一个不讲道理的人,有时候做再多的解释也徒劳,此时利用幽默的方式去沟通,便省去了很多麻烦,将自己想要表达的想法蕴藏其中,更容易让人接受。特别是面对无理取闹的人,用不讲道理的幽默方式去应对,更容易摆脱困局,掌握主动权。

生活中,不乏讲歪理的人,这时不妨采取请君入瓮的方式幽默应对。不按常理出牌,用歪理来制服歪理,并制造特定的幽默效果,既是一种迫不得已的行为,也是人际沟通的智慧。

如何向上级汇报坏消息

在职场中,最麻烦和最难做的一件事是向领导汇报坏消息,比起例行的工作汇报,坏消息更容易让领导发怒。即便这件事情不是自己做的,也没人愿意面对领导,因为这可能招来一顿无妄之灾。

向领导汇报工作,"报喜不报忧"已经约定俗成,然而,坏消息终究要让领导知道,这时候你要尽力降低它对领导的刺激,令领导在心理上更容易接受。

对每个人来说,汇报坏消息时,既保证消息的顺利传达,又不给自己带来负面影响,才算一次完美的行动。那么,如何向领导汇报坏消息,才能把负面影响降到最低呢?

◎**选择合适的汇报时机**

没有人喜欢听坏消息,因为它打击人的信心,令人情绪低落。向领导汇报坏消息时,最好选择周围没人的时候,或者领导心情舒畅的时候,这样对方更容易接受。最忌讳哪壶不开提哪壶,如果选错了时机,就会放大坏消息带来的负面影响。

◎ 对汇报语言谨慎地选择

汇报坏消息时，一定要委婉地表达，以便让听者更容易接受。很多人汇报工作时口无遮拦，顷刻间把领导惹怒，除了事情本身令人震怒外，还源于说话的人采用了不恰当的措辞。将一个坏消息准确而又委婉地表达出来，并减小对听者的刺激，确实考验当事人的智慧。

◎ 开口之前想好解决办法

当你有一个坏消息要汇报时，最好先想好解决问题的办法。如果随意将难题丢给领导，只会加重领导的工作负担和厌烦情绪，并对你产生不信任的感觉。相反，如果你说完坏消息后，能顺势说出解决办法，或提供有价值的参考意见，往往能赢得领导赏识。

◎ 汇报坏消息时要讲究策略

通常，可以先说坏消息，再补充一个好消息，让领导获得心理平衡。汇报坏消息的时候，说话尽量简短，能一笔带过就绝不详细阐述，然后在领导不良情绪爆发之前适当补充一个"但是"，给予对方新的希望，从而把谈话重点转移到后面的好消息上。

◎ 只有坏消息时要避重就轻

尽量将坏消息的"坏"分散，将一个简短的事情拆开来说，甚至可以进行一些煽情的铺垫。比如，说坏消息之前，先说一下最近大家为了这件事频繁加班，甚至有人病倒了，然后再将坏消息说出来。这样会给领导一种暗示，大家已经尽力了，不是不想把工作做好，而是事情本身难度太大了。

总之，有了坏消息也不要害怕，只要采取正确的汇报方法，就能将负面影响降到最低，让领导冷静地去解决。学会汇报坏消息，有利于个人成长。

回话时别把话说得太满

与人沟通时，把话说得太绝对，把他人"赶尽杀绝"，不给对方台阶下，会让人难堪，恶化彼此的关系，甚至种下仇恨的种子。这样做，对任何人都不是好事。

不把话说得太满，表现为不对他人太早下评断。"这个人一辈子没出息""这个人完蛋了"，这类话太绝对，没有人喜欢听。会沟通的人懂得照顾他人的感受，因此回话的时候会精心选择"可能""也许"等词汇，或者含糊其辞。即使后来发生其他变故，也有回旋的余地。

事实上，用不确定的词句可以降低人们的期望值。你如果不能顺利完成某件事情，而他人对你的期望不高，那么就会坦然谅解你，而不会产生强烈的不满。因此，在向别人做出承诺的时候，应该让自己有回旋的余地。

从心理学的角度看，人人都讨厌空话、大话连篇的人，这些人口头上吹得天花乱坠，实际行动却不见几分，难免让人觉得华而不实。为此，不如低调一点儿，坚持少说多做，用实际行动证明自己的价值，反而能令人信服。

李先生已经结完账，仍然没有离开房间。酒店服务员知道李先生是经理的亲戚，不方便催促，怎么办呢？

于是，服务员找到公关部经理唐元，请他出手相助。唐元敲开李先生的房门，问道："您好！您是李先生吗？"

"是啊！您是？"李先生说。

"我是公关部的负责人，您已经入住几天了，我们还没有来得及拜访，真是不好意思。听说您前几天身体不舒服，现在好点了吗？"

"谢谢您的关心，好多了。"

"听说您昨天已经结账，今天还没动身，是身体不舒服还是飞机取消了？请问，我们能为您做点什么？"

"非常感谢！昨天我表哥回家了，为了不让账积压得太多，我结了一次房费。大夫说，我的病还需要观察一段时间，所以还要住几天。"

"李先生，您不要客气，有什么事只管吩咐好了。"

"谢谢！有事我一定找你们。"

Chapter 04 回话
注意说话的逻辑和措辞风格

公关部经理唐元情商高，很会说话，善于与人打交道。他在寒暄中询问客人的近况，以及是否住下去，表现出应有的关切之情，让人非常受用。客人深受感动，不知不觉中就说明了原委，而唐元弄清楚了客人的意图，达到了预期目的。

会沟通的人懂得如何措辞，如何问询，如何回答，始终留有回旋的余地。他们准确拿捏讲话的分寸，让人感受到尊重与敬意，因此能轻松从他人那里得到有价值的信息。

◎ **回话时使用弹性的措辞**

在与人交往中，对别人的请托可以答应接受，但最好不要"保证"，应当使用"我尽量""试试看"等字眼。

◎ **话不说过头，别违背常情常理**

凡事都有一个度，回话的时候要遵守基本的情理，不触碰他人的底线。一旦越过边界，就会给人留下把柄，让自己陷入被动局面。

◎ **话要说得圆润一些**

话说得太直，会激怒对方，即便你占据了"理"，也得不到谅解。情商高的人说话圆润，不但听者感觉舒服，也给自己留有回旋的余地，这是真正有效的沟通之道。

◎ **始终给自己留有余地**

无论何时，都要提醒自己别说过火的话，别伤害他人的自尊，照顾他人的感受。进可攻、退可守，说话办事做到了这一点，任何时候都能游刃有余。

Chapter 05

谈 话

学会真正在意对方，跟任何人都能聊得来

每个人都想聊自己

与他人的对话，既是心与心交流的过程，也是印证个人理念的实践。通过问答，你可以从对方那里获得有价值的信息，并走进其内心世界；也可以将他人作为参照物，对自己有个中肯的认识。

人们首先关心自己，然后才会关注外部世界。人们在相处时，每个人都想成为大家关注的焦点，因此只要涉及自己的利益、信息，都会格外用心留意。所以，不妨主动询问与对方有关的话题，从而引起其兴趣，顺利建立互信关系，而后再引入其他话题。

每个人都想聊自己，要么是为了显示自己，要么是为了倾诉，要么是因为缺少安全感，希望得到别人重视。因此，如果想从对方口中得到有价值的信息，促使对方认真回答你的问题，不妨先聊聊与之有关的话题。

你可以主动让对方谈谈自己的经历，然后认真倾听其发言，并不时点头表示认可。慢慢地，对方就会对你产生强烈的心理认同。接着，你可以把话题延伸到更广的层面，逐渐引入你关心的话题，并适时提出问题，请对方回答。这种交流过程像细雨一样，悄无声息，却沁人心脾，很容易达成自己的预期目标。

一位男性顾客来到一家高档西餐厅，他穿着随意，显然不经常出入这种场所。入座之后，他居然直接拿起桌子上的餐巾，像小孩子一样系在了自己的脖子上。这种做法难免有伤大雅，餐厅经理也感到有些尴尬，但是又不好意思直接指出顾客的失误。

于是，餐厅经理叫来一个服务员，希望他告诉那位先生如何正确使用餐巾，而且还不能伤了对方的面子，以免引起对方不满。

服务员走到顾客面前，弯下腰，非常有礼貌地问道："先生，您是刮胡子还是理发？"那位先生立刻意识到自己失礼了，于是微笑着点点头，取下脖子上的餐巾,小心翼翼地放在大腿上。就这样,服务员成功完成了任务。

服务员向男性顾客提出了一个问题,"您是刮胡子还是理发?"服务员没有谈论西餐厅的用餐礼仪,显然是在引导对方反思自己的行为。于是,顾客略加思考,就意识到自己的问题,而这恰恰是餐厅服务员想要的。

聊天的时候,最有效的话题引导术就是提问。比如,说完一段话之后问对方:"你觉得如何?"然后认真听别人说话,这样对方就会找到自己的存在感,并顺着你的问题说下去。显然,聊天过程中少不了问答,能够掌控问答节奏的人往往是说话高手。

作为一种交流互动的过程,聊天包含了两种角色,一是演说者,二是倾听者。许多时候,演说者会根据自己的人生经验阐释外部世界,并牵扯出个人的独特经历。此时,你可以让对方当主角,表现出浓厚的兴趣,鼓励其深入聊下去,并适时引入你的问题,得到满意的答案。

站在对方的立场上说话,更容易赢得信任与好感。鼓励对方侃侃而谈,而你扮演好倾听者的角色,并适时提问,自然可以通过轻松聊天,得到想要的答案。

良好的关系从道歉开始

人非圣贤,谁能无过呢?如果悔愧知错,表达出发自内心的歉意,又何尝不是"知耻近乎勇"的表现呢?会沟通的人不吝于主动认错,让对方心里舒服,感受到自己的诚意,进而重建信任关系。

一个能够知错道歉的人,在任何地方都会受到欢迎,因为这种博大的胸襟令人钦佩,这种责任感令人敬仰。在谈话中主动承认自己的过失,并诚恳地表态,会在最大程度上赢得人心。

1754年,华盛顿还是一位上校,率领部下驻守在亚历山大里亚。有一次选举弗吉尼亚议会议员时,一位名叫威廉·佩恩的人公开反对华盛顿支持的候选人。

据说，华盛顿与佩思在关于选举问题上发生了激烈的争论，佩思甚至把华盛顿一拳打倒在地。双方的部下马上冲过来，眼看要发生群殴，幸亏华盛顿当场予以阻止，并劝大家返回营地。

第二天早晨，华盛顿派人给佩思送去一张纸条，要求他尽快到当地的一家小酒店碰面。佩思如约到来，准备进行一场决斗。然而，令他吃惊的是，迎来的是酒杯而不是手枪。

站在佩思面前，华盛顿说："佩思先生，犯错乃人之常情，纠正错误是一件光荣的事。我相信昨天冒犯了你，但是不必继续争斗下去。如果你认为到此可以让矛盾终止，那么请握住我的手——让我们交朋友吧。"

从此，佩思成了一个热烈拥护华盛顿的人，两个人成了亲密的朋友。

生活中，我们难免与人发生矛盾和误解，关键是掌握化解之道，不让冲突升级。会沟通的人能够凭借三言两语弥合分歧、达成共识，显示出大格局。事实上，语言本身就是达成共识、消除误解的工具。不善于沟通的人，除了言辞匮乏之外，根本原因是没把对方放在心上。

因此，检验一个人的诚意不需要听他华丽的辞藻，只要看他的态度，是否心里装着别人，是否对他人保持敬意就可以了。"一个人最难堪的事情莫过于被迫为自己的失误自咎自责"，做错事后，如果梗着脖子，不肯表达歉意，注定寸步难行。

良好关系的建立应该从道歉开始。如果你确实做了错事并遭到指责，那么就要重新审视自我，并真诚地道歉。经验表明，类似"这是我的错"这种话是可能创造奇迹的。知错能改，并且主动道歉，体现了你负责、敢于担当的一面，是会受到人们欢迎的。

很多人认为，道歉是一件很失面子的事，这其实是给自己设限，在许多时候无法突破自我，丧失了机会。情商高的人看淡一切，知道该做什么，因此会主动认错，满足对方的心理预期，让自己的舞台更宽广。

Chapter 05 谈话
学会真正在意对方，跟任何人都能聊得来

提要求一定要照顾对方的感受

聊天不仅是信息分享的过程，也是增进感情的机会。想让谈话变成一次愉悦的体验，就要尊重对方，照顾对方的感受，万万不可自说自话。

有的人在谈话中只聊自己的得意之事，一开口就停不下来，令人反感。交谈中表现自我的时候，需要有谦谦君子的心态，学会安抚他人的心灵，让对方感觉舒服。一旦对方表现出焦虑、厌恶的神色，一定要及时改变谈话方式，或立即停止滔滔不绝。

善于沟通的人懂得把别人放在心上，极力维护双方的关系，因此说话注重措辞，拿捏分寸，令人如沐春风。

一名业务员到一个陌生的城市出差，入住了一家宾馆。三天后退房时，服务台工作人员例行公事，说道："你先在这里等一下，我们要检查一下房间，看看有没有东西损坏或丢失。"接着，又冷冰冰地补充道，"几天前，有客人偷走了浴室的毛巾，还有客人把床单烧了一个洞……"

听到这里，这名业务员感觉非常不舒服，对方明显是在含沙射影地鄙夷自己，有侮辱自己人格的嫌疑。于是，他提出了强烈抗议。然而，工作人员以"照章办事"为由，敷衍了事。此后，这名业务员来此地出差再也没住过这家宾馆。

然而，在另一家宾馆，业务员却感受了截然不同的待遇。退房的时候，服务台工作人员微笑着说："先生，请您稍等，我们派人看看您是否有东西落在房间里了。"

虽然与上次那家宾馆表达的意思一样，但是这种说法含蓄、委婉，令人非常舒服。显然，第二家宾馆的服务更周到，态度更容易令人接受。此后，这名业务员每次来这座城市出差，都会选择这家宾馆。

通过这个案例不难发现，沟通能力的高低带给人们的感受截然不同，直接影响人们的判断和选择。会沟通的人会充分照顾听者的感受，把话说得恰如其分，令人身心愉悦。

沟通是双向交流的过程，互动的过程必须让人开心，所以，适度讨好对方是必要的，这有利于在互动互助中建立亲密关系，实现心灵感应。如果双方心意相通，沟通会变得非常愉快，成为一次难得的精神享受。

为了维护良好的人际关系，你的一言一行必须为对方着想，给予对方应有的重视和敬意。有的人只顾自说自话，想说什么就说什么，爱说什么就说什么，对别人缺乏应有的尊重，这样的人无法赢得他人的赞同，会失去许多机会。

不妨说几句善意的谎言

任何时候，以诚待人都是美好的品德，然而，与人客套的时候说几句善意的谎言则是人之常情，甚至是非常有必要的。更多时候，这种"假话"比实话更有价值。比如朋友得了绝症，生命垂危，大家往往选择隐瞒，不告知实情，让病人能够安然度过后面的日子。

既然是客套话，一定是出于礼貌需要，或者为了让对方心里舒服，因此言辞是否属实并不重要，更不必较真。有的人个性耿直，不分场合地说真话，结果弄得大家很尴尬，破坏了和谐的氛围，显然有失分寸。

周强在一家电脑公司做生产管理员，他平时喜欢结交朋友，并且业务能力也很强，得到上司的信赖。几天前，周强接到好朋友的邀请，参加一个聚会。通过聚会联络老朋友，结交新朋友，他已经习以为常，因此慨然赴约。

当天聚会来了很多人，大家围坐在一起，边吃边聊。一个老同学知道周强在电脑公司做生产管理员，高兴地说："我所在的商贸公司正需要一批电脑，如果从你们公司进货，能不能优惠一些？"

周强有些犹豫，因为他只是生产管理方面的小角色，不负责销售方面的事务。然而，看到老同学期待的眼神，他不忍心拒绝，于是随声应和："你需要什么型号的电脑？需要多少？我回到公司帮你问一下。"随后，周强把内容详细写在本子上。

显然，周强并没有能力帮助这位老同学，但是为了照顾对方的感受，他必须走过场，善意地答应帮忙。过了几天，老同学打来电话，周强说："我最近为这件事请销售部领导吃了两次饭，但对方始终无法给予优惠，抱歉，我没能帮到你。"

虽然这件事最终没能办成，但是老同学并没有怪罪周强，反而觉得给对方添麻烦了。

明知此事办不成，周强依然揽下来，因为他深知一个善意的谎言能在关键时刻温暖人心。因为这样做了，周强不仅向同学展示了慷慨出手的情义，也维系了长久的同窗感情。

不难想象，如果周强直接拒绝老同学，一定会给人留下不通情理、缺少温情的印象。明知不可而为之，看似夹杂着说谎的成分，却着实令人感觉到温暖。这也许就是客套话在沟通中的价值所在。

说话办事直来直往，不考虑对方的心理感受，看似是诚实、为人耿直，其实是缺乏人情味。关键时刻说一句善意的谎言，有可能帮助对方摆脱困境，重拾人生自信；即使对方无法走出困境，但是善意的谎言中承载着温情，也足以令人感觉到温暖，由此对未来充满期待。

善意的谎言是美好的，它的出发点不是欺骗，而是理解、尊重和宽容。在合适的场合，用善意的谎言，既不会让彼此感到尴尬，也不会让内心为难，还能维护对方的自尊心，让双方的关系更紧密。

如果你不屑于说善意的谎言，那么请尝试着改变一下自己的处世风格，学会温暖人心，学会化解尴尬。

有一种低情商叫抢话说

沟通是为了交流信息，最佳状况是对方都了解彼此的真实想法，而不是自己说了多少话。然而在谈话过程中，有的人总喜欢打断对方，急着表述个人观点，这是一种很不礼貌的行为，也会让人感到厌恶。

比如面试的时候，有的求职者为了引起面试官的注意，取得他们的好感，会千方百计表现自己。插话、抢话、争辩成了展示自我的手段，他们完全不顾面试官的感受，结果给对方留下了不好的印象。

　　大学期间，马可是一个成绩优秀的学生，但是始终改不了抢话、插话的毛病，因此在找工作的时候屡屡碰壁。

　　有一次，马可以优异的成绩通过笔试，进入了面试阶段。面试之前，他一再告诫自己不可以抢话，不可以插话，一定要等面试官说完了再阐述自己的观点。

　　但到了面试的时候，局面再次失控。对于面试官的问题，马可感觉已经理解了，没有等对方把话说完就开始发表自己的观点。而且，他不断重复"我明白，我知道，我了解……"整个面试过程再次变成马可一个人的演讲。结果，面试官照例没有录用他。

　　一个人无论知识多么渊博，在交流的时候都应该保持基本的礼貌，尽量避免抢话、插话，这样才能让双方的沟通更顺畅。凡事抢着说话，这种过度表现自我的行为是一种无形的压力，让人不舒服，甚至感到厌烦和恐惧。

　　任何事情都有一个度，过了头就会出乱子。人际沟通是一个平等对话的过程，把握谈话的气氛，注意对方情绪的变化，才能完成一次开心的对话，增进彼此的信任与合作。把交谈看成一场比赛，说话的时候习惯抢答，会让人精神紧张、压力大增，不但无法增进互信，还会破坏原有的融洽关系。

　　小颖是家电卖场的销售人员，负责电视销售业务。周末，一位顾客来到小颖负责的区域，问道："这款电视的质量……"小颖觉得顾客有购买的意向，没等对方把话说完就抢着说："您放心，质量绝对有保证。"

　　顾客接着问："这款电视有没有……"小颖再次抢着说："有，有，这只是样板机，仓库里有新机子。"顾客面露不悦之色，说道："我是问你这款电视机有没有经过质量认证。"小颖尴尬地笑了笑，说："认证过了，您放心。"接着，她把说明书递给顾客。

　　顾客看了看说明书，又翻了翻价格牌，说道："这款产品的价格……"小颖以为顾客对价格不满意，连忙说："这款产品价格不算高，不过我们正在做活动,您如果有意向买,可以再给您优惠一些。"

这时顾客已经恼怒了,说道:"你能让我把话说完吗?我是问你这款产品价格这么低,它的材质是不是比其他品牌的要差一些。"说完这句话,顾客头也不回就走了,留下小颖呆立在一旁。

显然,小颖过于渴望达成交易,总是抢话说,结果惹得顾客很不高兴,让原本有可能达成的交易也失败了。

打断别人说话不仅是缺乏教养的行为,也会失去了解对方真实想法的机会,从而做出错误的判断。没有愉快的心情,没有人愿意和你对话。所以,保持沟通顺畅的一个重要原则是,让对方把话说完,切忌抢话、插话。

与人交流要保持淡定,心平气和地表达观点,也让对方慢慢把话说完。当你有强烈的抢话欲望时,务必保持足够的耐心,等对方说完再接话茬。其实,一场成功的对话是心与心的交流,内心平和的人更懂得该说什么、在哪里停顿,并照顾对方的情绪和感受。

谈话中懂得以"让"为"争"

在中国的传统文化里,道家提倡"不争",主张顺应自然。老子提出了"夫唯不争,故天下莫能与之争"的观点。表面看起来,是在劝诫人们"不争",而目的却是"天下莫能与之争"的功成名就。

老子所说的"不争",实质仍然是"争",是一种委曲求全、以退为进的竞争策略。有关这种智慧的高超之处,可以用象棋博弈来理解。

众所周知,象棋有两种颜色,一种是红色,一种是黑色,往往下棋的两个人会不约而同都去拿黑色的棋子,没有人去拿红色的。于是,外国人说:"你们中国人搞什么?下象棋都去抢黑子,其实红子更好看。"对此,中国人回答:"我没有抢黑子,而是把红子让给对方,我一直在让,没有争抢。"

具体到谈话中,会沟通的人不会抢话说,总是主动谦让,让对方先说。其实,自己先用心听,说话时才有的放矢,反而能掌握谈话的主动权。用"让"来"争",既不被对方牵着鼻子走,又保持了谦卑的姿态,确实是高明之举。

比如,在团队沟通中,高明的领导会让下属充分表现,把内心的想法、诉求呈现出来,而不是上来就大声呵斥,一副唯我独尊的样子。下属把诉求说完了,也就平静下来了,这时候领导再做总结性发言,就能轻松掌控局面,达到预期的管理目标。

擅长聊天的人不会抢话,因为他们知道聊天本身不是目的,互通信息有无才是关键,他们享受的是沟通的过程。既说好每句话,又耐心听对方倾诉,这才是高明的沟通之术。

许多时候,谈话与解决各种事务同时进行,因此,交谈中以"让"为"争",恰恰是处理各种关系的需要。在现实世界里,竞争的复杂性、残酷程度远远超出人们的想象,如果上来就硬碰硬,那么很容易碰壁,甚至身败名裂。在错综复杂的关系中,能够以"让"为"争",才能左右逢源,妥善应对各种局面。

◎ 掌握以退为进的沟通法则

与人对话要善于以退为进,懂得谦让。人与人之间没有不可调和的矛盾,沟通过程就是化解误会、弥合分歧的过程,因此谈话的时候不可争执,不必抢话。你懂得尊重他人,给予他人面子,他人自然投桃报李,也对你礼让几分。

◎ 谦让彰显你的个人魅力

会沟通的人懂得维护大局,他们身上有一股无形的魅力在吸引人,令人折服。交谈中,懂得包容对方,适时谦让,往往能感化他人,使对方臣服,达到"不争"却仍能赢得认同与合作的目标,这是沟通的大智慧。

当着矮子不说短话

在《说难》中,韩非子对"龙"做了如下描述:龙是虫的一种,它的性情非常柔顺,人们可以和它亲近,甚至可以把它作为自己的坐骑;

Chapter 05 谈话
学会真正在意对方，跟任何人都能聊得来

然而，它的喉下有一块长约尺许的逆鳞，如果有人触摸，龙必然发怒，以致伤人致死。

在我们与人交谈的过程中，同样需要看清对方的禁忌，因为每个人身上都有"逆鳞"——不愿被别人触及的隐私、缺憾、伤疤。如果无视对方这些不可触碰的地方，信口开河，就会引起对方强烈的抵触，令人猝不及防。

为什么有的人刚说几句话，就令大家讨厌，甚至不欢而散？因为话语之中触碰了对方的痛点，结果导致话不投机。在矮子面前不要说短话，这是沟通的基本原则。

刘备在相貌上有一大弱点——胡子稀少，这在当时是缺乏男子汉气概的标志。第一次进西蜀的时候，刘备为了讨好益州牧刘璋及其手下的官员，始终保持谦卑的态度。结果，刘璋的属下变得孤傲起来。

张裕长着满脸大胡子，偏要与刘备比胡须，甚至出口不逊："长须美髯才够得上男子汉大丈夫，那些嘴上少毛的人，哪有英雄气概啊？"刘备听了非常生气，但是仍然控制住情绪，没有发作。

半年后，刘备领兵打下益州，成为蜀国之主。张裕虎落平阳，肯定没好果子吃。不久，刘备找了个借口，将当年羞辱自己的张裕杀了。虽然刘备有失君子风度，但是张裕说话尖酸刻薄，也算咎由自取，否则怎么会招来杀身之祸呢？

说话不能完全由着性子来，该说什么，不该说什么，总要有一些禁忌。会沟通的人在乎他人的感受，始终把对方放在心上，因此每句话都令人受用。沟通中不揭他人的短处，不揭他人的伤疤，是每个人应有的素养。

从关系学的角度来说，当着"矮子"，不仅不能说"短话"，而且要专门找"长话"来说，毫不吝啬地赞扬对方的长处和优点，巧解对方的心结。这样，谈话才会投机，沟通才会顺畅，人际关系才会和谐温馨。

如果想结交更多朋友，得到更多支持，平时谈话中万万不可揭人之短。那些左右逢源、人情练达的人，懂得尊重他人，因此也赢得了他人

的敬重。

◎与人谈话时，尽量多谈对方的长处

每个人都有缺点，与他人谈话的时候，尽量多谈论对方的长处，极力避免谈论对方的缺点，才能维护对方的尊严，建立融洽的沟通气氛。

有的人喜欢搬弄是非，唯恐天下不乱，他们肆意编撰别人的隐私，逢人便夸大其词地谈论别人的隐私，与其说他们不懂得尊重他人，不如说他们的情商堪忧。在人性的世界里，不尊重他人，其实是贬低了自己。

◎注意不要提及与对方忌讳相关的事物

对于内心深处的忌讳，当事人通常极为敏感。比如，与个头矮小的人交谈，最好不要说"木墩""武大郎"等相关的话语，免得他人多心。许多时候，"说者无意，听者有心"，你的信口开河往往会将你置于险境。

与人为善是减少麻烦和误解的关键，情商高的人拥有一颗友善的心，说话办事总能考虑周全，照顾他人的感受，因此，他们有好人缘，到处都是朋友。

"逐客令"也能说得美妙动听

每个人身边都有一两个知无不言、言无不尽的朋友，他们一旦造访，打开话匣子之后就很难关上。当你失去了交谈的兴致，而他们仍然意犹未尽时，难免要装作很感兴趣的样子随声附和，那种滋味太难受了。

其实，你大可不必为了面子忍受煎熬，只要掌握聪明拒绝的门道，就能巧下"逐客令"，而不必担心伤害到对方。把"逐客令"说得美妙动听，即使最好的朋友也不会埋怨你。

张娜和李彬新婚不久，正在享受快乐的二人世界。一天晚上，新邻居王亮夫妇登门造访，李彬夫妇自然热烈欢迎。四个人聊得很开心，时间过得也快，转眼就10点了。时间不早了，张娜有了困意，想早点休息。可是，王亮夫妇意兴阑珊，没有走的意思，李彬夫妇也只好耐着性子奉

Chapter 05 谈话
学会真正在意对方，跟任何人都能聊得来

陪到底。

客人东拉西扯，说说笑笑，时间一晃就11点了。张娜向丈夫李彬使了个眼色，示意他赶快想办法下逐客令。李彬灵机一动，然后打了个哈欠，装出非常困倦的样子，对张娜说："走，睡觉去吧。咱们不休息，总是跟客人找话说，人家都不好意思回家了。"

李彬这句风趣的话表达得很清楚，虽然没有直接赶客人走，但是对方显然意识到时间已经很晚了，主人家要休息了。李彬故意把责任揽到自己身上，以避免王亮夫妇尴尬，给对方留足了面子，于是他们很识趣地离开了。

有人说，逐客会伤感情，但是你舍命陪君子，会耽误自己宝贵的时间，甚至打乱工作计划。该拒绝的时候不能客气，前提是用善意的表达方式制造快乐的氛围，避免引起对方误解。会说话的人即使下逐客令也不会让人讨厌，甚至让人觉得很有人情味儿。

千万不要委屈自己，该拒绝的时候不能犹豫，关键是要找对方法做对事。世界上没有办不成的事情，只要真正在意对方，并照顾对方的感受，就能完美措辞，达成所愿，这是人际沟通的大智慧。

Chapter

06

搭 话

掌握和陌生人搭讪的技巧

说点儿应酬话容易拉近距离

从陌生到熟悉的过程,就是人与人交往的过程。刚开始打交道时,你要主动搭讪、问候,考虑对方的处境、对方的心情。

在人性深处,人们都喜欢被宠着、被惯着,都希望受到他人的高贵礼遇。因此,无论与陌生人相处,还是面对熟识的人,说点儿应酬话都是拉近关系、活跃气氛的必要手段。

日本有一所医科学院,学生要接受"病人应酬学"教育长达六个月。因为在日本做医生,除了掌握知识、技术,还要有一套与病人相处的应酬术。

显然,病人最信赖"好"医生,那么"好"的标准是什么呢?除了过硬的技术,医生还应该应酬得法,充分掌握病人过去的疾病、家庭的健康状态、最近的状况等,这一切都需要从病人口中得知,需要医生善于和患者打交道。

在一个牙科诊所,有三个专科医生,轮流给顾客看牙。显而易见,三个人有三种应酬病人的方法。

第一个医生根本不和病人说话,他板着脸,病人一坐下,他便不由分说地把病人的坏牙拔出。当然,他不会拔错牙,因为他的技术十分高明。

第二个医生会先说:"很痛吧,我想您要稍为忍耐一下,好吗?过一会儿就好了。"接着,他才拔去病人的坏牙。显然,这位医生是一个"同情者",病人得到了一些安慰,但是也有一点点恐惧。

第三个医生则会说:"什么?上周就开始疼了?对了,这样就不会痛了!"他一面说,一面动手拔去病人的坏牙,病人根本没有感觉到紧张和疼痛。

不用说,顾客对第三个医生的印象比较好,第二位次之,第一位则最不理想。之所以出现这种情况,是因为第三位医生懂得病人的心理,并善于化解他们的紧张,这就是一种医学上的应酬术。

应酬,说到底是人与人交往的技能,包括说话、礼节,以及火候的把握、利益的权衡,等等。应酬的艺术,必须以人性需求为基础,把握人们的一般心理诉求。别人听着顺耳、看着顺眼、感觉顺心,才会认同你,主动提供帮助,或者发展合作关系。

◎ 准确把握对方的性格特征

汽车大王福特说过一句话:"假如有什么成功秘诀的话,那就是设身处地地替别人想想,了解别人的态度和观点。"性格外向的人易于"喜形于色",应酬的时候可以侃侃而谈;性格内向的人多半"沉默寡言",应酬的时候就要委婉表达、循循善诱。

◎ 了解对方的人生经历和生活状况

在人际交往中,两个人是否交流顺畅,在于双方的价值观、话题等是否协调。跟一个生活没着落的人沟通,大谈高尔夫球、环球旅游的乐趣,他肯定提不起兴趣。所以,了解对方的经历与现状,知道对方当下真正关心的问题,才能清楚自己该说什么,不该说什么。

会沟通的人在社交活动中游刃有余,是因为他们谙熟人性、心理学,说话令人愉悦。不会说话,人见人烦,别人就会与你为敌,想要干点什么事情自然难上加难。

热情和真诚能消除陌生感

从物理学的角度看,作用力与反作用力总是同时出现的。人是一种情感动物,你真诚地关怀我,我也会真诚地为你着想。如果你热心关照对方,对方也会为你做点什么。

人与人之间的沟通,语言所负载的内容,除了基本的文字信息之外,还有感情信息。这种感情信息内涵十分丰富,在谈话中起着非常重要的作用。"感人心者,莫先乎情",真挚的情感最能打动人心,让人心服口服。因而在与陌生人交谈时，只要倾注热情，表露出真诚，就可以融化陌生的坚冰，甚至相互信任，达成共识。

1858年，林肯在竞选美国上议院议员的时候，准备到伊利诺伊州南部进行演说。当地人异常野蛮，那时候蓄养黑奴的恶霸们本就对废奴主义者恨之入骨，自然对林肯之行愤愤不平。他们甚至立下誓言，只要林肯敢来，就置他于死地。

然而，这并没有吓到林肯。演说之前，林肯心平气和地说："南伊利诺伊州的同乡们、肯特基的同乡们，听说在场的人群中有些人要和我作对。我不明白你们为什么要这样做，我也是和你们一样爽直的平民，为什么不能拥有发表意见的权利呢？

"好朋友们，我并不是来干涉你们的。事实上，我也是你们中间的一员。我生于肯特基州，长于伊利诺伊州，和你们一样从艰苦的环境中挣扎出来。我不仅认识南伊利诺伊州的人和肯特基州的人，还想认识密苏里的人，因为我也是他们中的一个……"

接下来，林肯根据听众的情况，简明扼要地把自己与听众相关的情况、经历加以介绍，使听众感觉到他的真诚，进而形成"认同感"。

听完林肯的演说之后，令人难以置信的是，他可能面对的敌对怒视变为了大声喝彩，甚至原打算与他作对的听众竟然成了他的好朋友！

林肯说："一滴蜜比一加仑胆汁能够捕到更多的苍蝇，人心也是如此。假如你要别人同意你的意见，就先用一滴蜜去赢得他的心，你就能使对方走在理智的大道上。"在这里，"蜜"便是热情与真诚。

可见，热情真诚的话语不仅可以融化"陌生"的坚冰，还可以引起他人的共鸣和认同，甚至连对立和怨恨都可以被化解。

说话的最大魅力并不在于语言的华丽、流畅，而在于你是否倾注了感情，是否在真诚地表达自我。如果在交谈时矫揉造作、言辞虚浮、缺少诚意，那就失去了吸引力，如同一束没有生命力的绢花，很美丽，但不鲜活，缺少魅力。而真诚的态度可以感动每一个人，甚至赢得对手的赞叹。

如何让对方感受到你的热情与真诚呢？不妨从以下几点做起。

◎展示诚意，给人以"可信度"

让他人觉得你所说的话是真实的，而不是为了迎合他人故意编造的。在人际交往中，你的话语必须令人信服，才能赢得别人的信赖。

◎主动跟对方友善地打招呼，找出自己与对方的共同点

懂沟通的人，往往会从关怀对方的角度出发，说对方感兴趣的话题。只有找出自己与对方的共同点，才能给对方带来亲切感与温暖，从而消除彼此的陌生感，快速拉近双方的心理距离。

◎放弃对抗、攀比，让双方处于平等的地位

无论你是过于自信觉得高人一等，还是自卑觉得不如别人，都是不对的。要想取得对方的信赖，先得和对方拉近心理距离，与之处于平等地位。只有平等的双方才有和谐的交流。

经验表明，最优秀的演说家不一定是口若悬河的人，而是善于表达热情与真诚的人。与人交谈，当你用得体的话语表达出热情真诚的情感时，就能赢得对方的信任和好感，并顺利打开对方的心门，从而建立起信赖关系。

亲切寒暄让关系迅速升温

人与人之间因为陌生、矛盾和误解，总是存在距离感。想要多一些信任和理解，缩短甚至消除距离感，需要花费很长时间很多精力。

其实，迅速拉近心理距离并不难，只要你试着像那些政治家、演讲家、谈判家一样，用亲切的寒暄开场，给人留下真实、热情的第一印象，就能提升亲和力，迅速拉近双方距离。

克林顿喜欢吹萨克斯，并且吹得非常棒，可是一直苦于没有展示的机会。有一次，他在CNN（有线新闻网）发表总统竞选演讲时说："有人问我除了会吹牛之外，还会吹什么。"随即拿起藏在身后的萨克斯管，胸有成竹地说，"今天我要让大家知道，我还会吹这个。"

克林顿接连吹了几首名曲，人们听得如痴如醉，现场气氛非常融洽。选民被克林顿的风趣逗乐了，也被他出色的演奏才艺折服。就这样，克林顿借助风趣的谈吐拉近了与选民之间的距离，获得了多数选民的好感和支持。

在社交活动中，亲切的寒暄无疑是拉近与他人心理距离的最好方法。如克林顿这样，在风趣开场之后还能展示个人才艺，无疑更胜一筹。

与别人打交道时，在礼貌的寒暄中加入几句亲切、风趣的话，能够迅速消除人与人之间的陌生感，拉近双方的心理距离，为后续的深入交往奠定基础。有的人不注重寒暄，认为那无足轻重，甚至会浪费时间。但是沟通无小事，只有彼此认同、充分互信才会有深度合作、出手相助。所以，在问候与寒暄方面多花点时间和精力，是一笔有价值的投资。

新来的实习老师正在上课，台下听课的是四十多名学生，还有教务处的领导和其他教师。

面对陌生的老师，同学们自然屏气凝神，不敢发出一点儿声音。而教务处的领导和教师也一脸严肃，认真看着实习老师的表现。

开始授课了，实习老师为了缓和气氛，先做了一番自我介绍："我来自传说中的'雾都'重庆，我姓钱，不是'前途'的'前'，是'没有钱'的'钱'。"亲切风趣的谈吐把同学们逗得哈哈大笑，连后排的领导和老师也露出了笑容。

随后，实习老师开始上课，此前风趣的交流让大家少了陌生感，所以课堂氛围不再死气沉沉，授课效果出奇的好。

其实，人与人之间的心理距离并没有想象中那么遥远，更多是因为缺少亲切寒暄的技巧才让人们不肯放低姿态，结果每个人都"高处不胜寒"。渴望暖心交流，拉近心理距离，是人之常情。关键是，你要勇敢迈出第一步，主动借用风趣寒暄的话语打开局面，引导对方放下戒备，敞开心扉。

富有口才魅力的人并非说话技巧多么出众，而是会作出一些令人舒服的举动，让人在心理上感到愉悦，然后再说话办事就水到渠成了。与人沟通的时候积极乐观，善于换位思考，并用快乐情绪感染对方，恰恰是高情商的表现。

尝试着用亲切自然的话语与人交流，用积极乐观的态度去感染他人吧！你会发现自己在交际活动中会事半功倍。

亲切寒暄可以使人与人之间的交流更为融洽，让双方心情放松，产生心灵上的共鸣。对方一旦感受到你的亲近和友善，自然从心底愿意与你交友，双方的关系也会随之迅速升温。

"笑声"拥有巨大的吸引力

笑是人类与生俱来的一种本能，让人放松，令人愉悦。没有人喜欢冷场，多数人喜欢给大家带来欢笑。与人搭话的时候，始终面带微笑，能充分展示你的亲和力，消除对方的紧张。

俄国文学家契诃夫说："不懂得开玩笑的人是没有希望的人！这样的人即使额高七寸、聪明绝顶，也算不上真正有智慧的人。"能带给他人微笑，能把身边的人逗笑，会让谈话充满欢声笑语。

2006年，上海浦东举办了一场声势浩大的演出，邀请了很多明星参加。超过演出时间20多分钟了，该上场的一位明星还没出现，节目无法开始，台下的观众很生气。

这时，主持人董卿上台解释，但是观众仍然怒气难消。有人冲着台上的董卿说："董卿，你给大家唱一首歌吧！"听到这些话，董卿笑着回答："不行啊，主持人是说得比唱得好听。如果今天我唱了，明天各大报纸会说董卿说不好，只能现场卖唱了。"

话音刚落，台下的观众一阵哄堂大笑，现场紧张的气氛缓和了许多。

面对陌生人的挑衅，董卿临场发挥，巧妙地化解了紧张的气氛，稳定了观众的情绪，分散了大家的注意力。与人沟通，总会遇到他人动怒的时候，如果你能把对方逗笑，就会在瞬间化解尴尬的气氛，获得对方的认可。

与风趣幽默、心胸开阔的人沟通，是一种精神享受，因为你不会遇到任何难缠的话题，只会享受到快乐。在这个基础上，无论向他人展示自己的观点，还是吸引对方的注意力，都会变得轻松、简单。

有一次，白岩松到南昌出差。返京前一天，当地一所知名大学的校长找到了他。原来，校长想借此机会，请白岩松为学生们做一次演讲，分享一下成功经验，这让白岩松有些措手不及，但是能和学生进行一次面对面的交流还是很有意义的，他就同意了。

第二天下午，距离演讲开始还有两个小时，同学们就已经进入礼堂等待了。以前，大家都是在电视上看白岩松主持的节目，印象中这位名嘴是一个很严肃的人，所以同学们都关掉了手机，即使有人带了相机也不敢拍照。偌大的礼堂挤满了人，但是秩序井然。

其实，生活中的白岩松并不是一个刻板严肃的人，他也有幽默风趣的一面，只是人们很少见到罢了。走进礼堂以后，白岩松发现气氛不太对劲，台下的同学都小心翼翼的，一个个表情凝重，甚至略带尴尬。为了避免冷场，也为了缓解一下凝重的气氛，白岩松笑着问道："你们是不是觉得我不够帅，所以连手机、相机都懒得打开？"

话音刚落，台下就笑声一片。一句话瞬间打消了同学们心中的顾虑，也让大家放松了心情。随后，同学们拿出相机、手机，接连给白岩松拍照，场面立刻活跃起来。就这样，白岩松在一片欢笑中开始了演讲。

在社交活动中，那些性格开朗、幽默洒脱的人更具吸引力，那些谈吐幽默风趣的人更能给大家留下深刻影响。如果你要演讲，就要仔细观察听众的反应，调动对方的情绪，确保演讲顺利进行，并有一个完美的结局。说话的时候展示你的笑容，并让他人微笑，能极大地拉近与听众的距离。

跟陌生人搭话，最考验一个人的沟通能力，如果你能突显个人的洒脱，就会让自己的人格魅力更加饱满。不能带给人欢乐的人，其语言是灰色的，其人格是单调的，其生活是乏味的。掌握快乐沟通之道，才能感染更多人。

初次见面的"称呼"艺术

"称呼"是指人们在交往中彼此采用的称谓。在日常生活中,称呼应当亲切、准确、合乎常规。正确恰当的称呼,不仅能体现对他人的尊敬,也能展示自身的文化素质,使交际更顺畅。社会学家认为,得体的称呼能让人心情愉悦,有助于形成和谐亲密的人际关系。

初次和陌生人搭话,由于双方从未谋面,彼此不了解,称呼就成为谈话能否继续下去的关键。不同地区、不同民族和不同的语言传统,在称呼上存在很大差异;不同职业、职务、性别、年龄的人,对称呼的需要和期望也不一样。

王女士平时很注重保养,经常健身,虽然年过60却看起来很年轻。这一天,她去菜市场采购,卖菜的小姑娘热情地打招呼:"奶奶,您需要什么菜?我们家的菜特别新鲜。"

听到别人称呼自己"奶奶",王女士本来挺好的心情一下子没了,扭头离开了这个摊位。小姑娘很纳闷,不清楚自己什么地方错了。旁边的人说:"你怎么能喊她'奶奶'?你得喊她'阿姨'。"小姑娘恍然大悟。

显然,王女士有一颗不服老的心,不喜欢晚辈称呼她"奶奶"。作为这个菜市场的常客,大家平时都喊她"阿姨",那个小姑娘是新来的,所以才冒失地喊了"奶奶"。

过了几天,王女士又来买菜,刚进菜市场,那个小姑娘就乐呵呵地喊:"阿姨,这是我们家今天早晨刚上的菜,又新鲜又便宜,您过来选点儿吧!"王女士高兴地走过来,看看这个,掂掂那个,买了很多菜。

礼多人不怪,与人搭话的时候选对称呼,可以让你更受欢迎。一个简单的称呼蕴藏着很大的学问,称呼准确与否,关系到能否得到对方的认同。

因此,在人际沟通中,称呼一定要符合礼仪的要求,体现对他人应有的尊重。如果轻视对方或使用对方难以接受的称呼，不但会让人反感，而且容易产生误解，造成不必要的麻烦。

因为不懂得尊重对方，在称呼上过于随意，双方产生口舌之争，甚至发生肢体冲突，这样的情形屡见不鲜。

初次见面用对"称呼"，礼貌待人，才能给别人留下良好的印象。那么，如何准确地称呼对方呢？主要需要考虑以下几个方面：

◎年龄

年龄比较大的老人，要用尊称，比如"爷爷""奶奶""老师傅""老先生"等。同龄人可以随意一些，比如称呼"哥们儿""姐""小妹"等，对异性可以用"帅哥""美女"这样的称呼。需要注意的是，称呼必须遵守基本的礼仪，以避免别人挑礼。

◎职业

大多数情况下，可以对工人、司机、理发师等群体称"师傅"；对教育和文化行业的人，比如教师、编辑等称"老师"；对国家干部和公职人员，最好用"同志"。

◎身份和场合

与领导、上司初次接触时，称呼中最好加上头衔，比如"某校长""某局长"等。如果在正式场合，更应该如此。

◎有礼有节有序

面对多人，如果其中有年长者、异性、年轻人在场，称呼的顺序很重要，一般遵从先长后幼、先上后下、先女后男的顺序。这样能将我们的素养表现出来，给对方留下好印象。

表情和眼神透露出你的人情味

与人交流，不仅有语言的交流，还有表情的展示、眼神的碰撞。讲话的时候，不能仅陶醉于言辞的文采、修辞，还要注意自己的表情、眼神如何影响听者。

Chapter06 搭话
掌握和陌生人搭讪的技巧

英国著名演讲家爱默生曾说:"人的眼睛会说话,而且眼睛上的'语言'无需借助字典,因为全世界的人都能理解这种语言。"确实如此,人类能够通过眼神表示出多种意思,而且演说者与听众的交流很多时候是靠眼神来完成的。

在与陌生人沟通时,面对的是不熟悉的对象,无疑会增加成功表达的难度。有的听众素质比较高,懂得尊重演说者,但有的听众会故意制造麻烦、意外,令人防不胜防。这时候,如果你疾言厉色,就容易把矛盾激化,进一步引发对立情绪;如果听之任之,则会影响沟通效果。最好的办法是用表情和眼神表达好恶,让不友善的人知难而退。

在一间教室里,大一新生正召开第一次班会,辅导员让大家轮流上台介绍自己。也许是彼此还不太熟悉,大家都不好意思上去。这时,一个身材矮小的女生走上了讲台,准备自我介绍。

不过,这位女生还没开口,教室后边就传来了声音:"个头还没课桌高呢!"听到这句话,女生没有露怯。她清了清嗓子,说道:"个头是爹妈给的,这没办法改变。不过胆色是自己的,我的胆色跟身高成反比。"

女生一边说,一边直视刚才说话的男生,眼神里满是自信。那个捣乱的男生被这个女生盯着,不好意思地低下了头。

凌厉的眼神可以制止捣乱的人,而和蔼的眼神可以让听众感受到演说者内心的真切。在说话过程中,借助眼神传情达意,能收到意想不到的效果。

会说话的人不只有出色的语言表达能力,举手投足间也都在传递特定的信息,影响听众的判断。通过眼神与别人进行交流,可以让沟通更加顺畅,也更有吸引力。比起说话的声音,当事人的眼神和动作更富有人情味,更能接近人。

除了眼神,表情在沟通中也发挥着出人意料的作用。古希腊著名演说家德摩斯梯尼曾说,对一个演讲家来说最重要的就是表情。人类的表情是思想、情绪的直接反应,开心的时候会喜笑颜开,不开心的时候会愁云密布,愤怒的时候会咬牙切齿。

其实，听众是从整体上获取信息，判断说话者是否具备吸引力的。比如，衣着、身材、风度、气质等都会潜移默化地影响听众的认知。尤其是沟通一段时间以后，听众甚至会把目光完全停留在说话者的面部。当然，他们关注的并不是脸蛋，而是面部表情，希望从中读取特定的信息。

与人搭话的时候，要善于使用自己的表情，千万别显得过于生硬。说话者的表情会传递特定的信息，甚至超过语言的魅力。

| 第二辑

学习交涉艺术

说话让人舒服的程度，决定你的人生高度

Chapter 07

尊 重

没有尊重的沟通就是没教养

每个人都有"被尊重"的需要

在交往中，每个人都会维护自己的立场和利益，这无可厚非，但不能忘记的是，任何时候都要尊重对方，这既是一种教养，也是理性交涉的需要。不分性别、年龄，也不论地位高低，人人都渴望"被尊重"。善于沟通的人懂得满足别人的这种心理需求，因此处处受欢迎。

不难发现，那些说话有分寸的人，不只凭借华丽的辞藻、充沛的感情打动人，他们还懂得理解和尊重他人，让听众感觉舒服。换句话说，没有尊重的沟通无论有多么崇高的目的，都会变得一文不值。

美国总统林肯有一个女秘书，特别喜欢打扮。然而，她工作有点马虎，经常犯错。这天，林肯对她说："你这件衣服很漂亮，真是一个迷人的小姐，只是我希望你打印文件时注意一下标点符号，让文件像你一样可爱。"女秘书意识到自己处理文件太粗心，不够严谨，开始严格要求自己，以后就很少犯错了。

其实，林肯可以将女秘书辞掉，换一个做事认真的人，但是，他没有利用总统的身份压制别人，而是委婉、客气地提出中肯的意见。尤其重要的是，林肯始终尊重对方，没有丝毫冒犯。

从这一点可以看出，林肯拥有良好的修养和非凡的气度，懂得尊重他人。如果他以高高在上的姿态呵斥这个女秘书，只能让对方心生畏惧，反而达不到纠正对方错误的目的。

无论你的职位多高、资历多深，都要坚持平等交涉的原则，给予对方应有的尊重。即使对方犯了错，也要尊重其人格，给予适当安抚，让你的建议更容易被采纳。

懂沟通的人充分考虑对方的感受，尊重对方的想法，而后采取正确的说话之道，因此处处受人欢迎。与他人聊天时，中途总是打断

Chapter 07 尊重
没有尊重的沟通就是没教养

对方，插上几句话，这是缺乏礼貌的表现；面对一个遇到挫折的人，对其批评、教训，表现出长者的姿态，势必引起对方抵触，最后失了人心。

有一位老师学识渊博，为人谦和，每次聊天，他总是在寒暄之后，便静静地聆听对方说话。说到关键之处，对方想听他发表意见，他才会理智、平和地说几句。这位老师从不与人抢风头，懂得尊重别人，态度非常友善。因此，大家都很喜欢他，都愿意与他做朋友，也很尊敬他。

与人交往中甘当配角，以平和的心态处事，耐心听别人说话，比表达观点更重要。耐心倾听是交涉的一部分，是对他人劳动成果的一种尊重，然而生活中能够做到这一点的人并不多。

有些人听别人说话时哼哼哈哈，好像什么都听进去了，一旦对方请他们说出关键信息，又无法回答，这明显是没有用心听。与这样的人沟通，不只浪费了时间，还浪费了感情。

通过良好的倾听，可以获得大量有效的信息，可以更好地理解对方，可以赢得信赖和支持。与别人交流时，只有听清、听懂对方的话，才能理解对方的意思，真正做到尊重对方，从而换来对方的尊重。

在沟通中，照顾对方的感受，体察对方的心情，认真捕捉有价值的信息，眼睛始终盯着对方，不东张西望，这些都是尊重他人应有的教养。

不在外行面前说"行话"

说话的场合、氛围不同，所呈现的内容也有所不同。此外，隔行如隔山，与人对话要坚持平易近人的亲和法则，不在外行面前说"行话"。

正所谓"术业有专攻"，当代社会精细分工，众多新领域、新行业出现，每个人都各有所长。因此，不同行业、不同知识水平的人在一起交流时，千万不要过多使用自己所在领域的专业术语。因为那样不仅会让对方听不懂你说的话，影响双方的交流，也会给对方留下故意卖弄的不良印象。

文化水平及专业素养不同，增加了沟通的难度。会沟通的人懂得放下身段与人对话，会根据说话对象的差异选择合适的话，既实现了有效沟通，又令听众感受到应有的亲和力。

一位人口普查员来到乡村调查人口情况，问当地一位老太太："您有配偶吗？"

老太太听了满脸疑惑，问："什么是配偶？"

普查员解释道："配偶就是老伴，您有老伴吗？"

老太太边笑边说："你直接说老伴不就行了嘛，还这么费劲，乡下人可听不懂你们那套行话！"

普查员之所以闹出笑话，是因为他没考虑到老人家生活的环境和受教育情况，一味地运用行业术语交流，不但没有获得想要的效果，还被老人家嗔怪。由此可见，与人交谈时，一定要考虑对方的背景，避免在外行面前说过多内行话，引起不必要的尴尬。

虽然专业术语更能体现一个人的专业素养，但不分场合地使用会让对方产生一种被人捉弄的感觉。请牢记，与人沟通最重要的是清楚地表达自己的意思，让对方真正听明白。那么，怎样才能做到与各行各业的人和谐沟通，从而巧妙地避免尴尬呢？

◎ **开阔眼界，了解并欣赏其他行业**

任何一个行业都有其存在的必要性，而长期从事某一行业会限制个人对其他行业的了解，让视野变得局限。久而久之，往往会对其他行业产生排斥心理，与他人沟通时总是对自己熟悉的内容说上几句，对其他领域却无话可说。

因此，为了避免这种局面出现，一定要主动开阔自己的眼界，不断学习和了解其他领域的内容，并用欣赏的眼光面对。由此，与他人聊天时，不管聊到什么话题都能简单地说上几句，不仅能展示自己见多识广的一面，还能增加个人亲和力，成为受欢迎的人。

◎ **避免专业话题，多说通俗话题**

既然谈论专业话题会产生各种问题，那么与他人交谈时就要尽量避免过于专业的内容，主动谈论一些生活方面的话题。今天，人们的工作压力都很大,没有人愿意在闲暇时依旧被工作占据更多时间。因此,谈话时选择以生活为主题是一个明智的选择。

比如,平时多留意身边发生的趣事,积累幽默的素材,就能在交谈时提供一些轻松的话题。这样不仅可以避免使用过多行业术语带来的尴尬,也能让大家其乐融融地聊天,增进好感与信任。

不在外行面前说过多内行话,是尊重对方的重要表现。与人交谈时,千万不能图一时痛快说太多专业术语,而要尽可能地把不容易理解的话题说得简单一些。这样不仅能让对方感觉到你的平易近人,还能让双方的对话顺利进行下去。

别让善意的玩笑变成无情的嘲笑

虽然每个人都想用风趣的谈吐吸引他人,但是很多人却常常会因为讲一些不合时宜的笑话而弄巧成拙。显然,交际不是一件容易的事情,把握好尺度和分寸很关键,否则会带来严重的负面效果。

做任何事情都要克制,与人交涉尤其讲究智慧,需要机智、胸怀,对人抱以善良之心,施展博爱之情。有的人之所以出言不逊,弄得别人尴尬不已,就是因为没有把握好这一点。即便是与熟识的人沟通,也不能毫无顾忌地开涮,更不能进行没有底线的嘲讽和戏谑。

一位中学教师到外地出差,得知久未谋面的老同学也在这个城市,于是带上礼物登门拜访。这位老同学刚刚升职为处长,正是春风得意的时候,加上他是个直肠子,所以口无遮拦。

见面后,老同学把客人让进屋,指着礼物戏谑道:"你怎么落魄到求人办事的地步了?我可是一个清正廉明的处长,拒绝歪风邪气!"教师听完这话,心里很不是滋味,明明是好心前来探望,怎么就变成巴结贿赂了?于是,他把礼物放下,转身就走,不顾在后面大叫的处长。

平心而论,这位处长绝不是想嘲讽教师,只是想用一句玩笑话来活跃气氛。然而,他没有把握好尺度,伤了对方的心。在我们身边,这样的情景屡见不鲜。很多人出于活跃气氛的目的想轻松一下，结果自以为风趣的谈吐并不风趣，甚至非常无聊，不但没有让人愉悦，反倒令人感觉不舒服。

适当开玩笑可以让紧张的神经得到休息，但这需要对话双方心灵的碰撞，思维火花的对接。玩笑话从来不是一厢情愿的，而是表演者与观众、听众的互动，期间有评价、反馈，终极目标是达成心理的默契，实现心灵的共鸣。

小王天生散漫，对个人卫生状况毫不在意，经常忘记刮胡子。虽然领导多次提醒他注意形象，但是小王依然我行我素。

有一天下班后，经理找小王谈话，见面后劈头盖脸地问："小王，你身上最锋利的东西是什么呀？"小王愣了一下，掏出身上的水果刀，然后说："是这把水果刀吧。"

经理摇摇头："我看未必，你的胡子比这把刀更锋利。"小王疑惑不解地问："这是什么意思？"经理嘲讽道："它的穿透力强啊，都能从你的脸皮上长出来。"其实，经理的潜台词是小王的脸皮厚。小王反应过来后，气得满面通红。

不可否认，风趣的沟通方式更容易被人接受，但是很多人却不得其法，往往弄巧成拙。在上面这个故事中，经理把善意的批评变成了无情的嘲笑和讽刺，给人以被愚弄的感觉，难怪小王生气。

说话是一门学问，有的话可以说，有的话不能说，聪明的人懂得运用幽默来处理人际关系，而糊涂的人总是把无知当个性，说一些不着调的话企图活跃气氛，结果总是事与愿违。

开玩笑能够拉近双方的距离，但说一些无聊的笑话却会带来负面作用，甚至有人身攻击之嫌，令人难以接受。当你准备讲笑话，或者用风趣的言语活跃气氛的时候，一定要三思而行。把握好沟通的尺度，拿捏好玩笑的分寸，拒绝无聊调侃，才是谈话高手的所为。

在很大程度上，趣味沟通是一种机智的应对，是一场智慧的碰撞游戏。如果你玩不好，就不要轻举妄动。一旦你的表达令人不舒服，或者难以接受，一定要马上停止。如果不确定自己是否能讲出令人愉悦的话，最好的办法就是沉默。

刺猬效应：请保持交谈距离

你是不是有过这样的体会：与亲人、爱人、朋友之间的关系越亲密，越容易产生矛盾，与初次见面的人聊天，往往比较融洽。这种现象可以用"刺猬效应"来解释。

天气寒冷的时候，两只刺猬相互依偎取暖，但是因为彼此身上都长满了刺，如果靠得近了就会刺痛对方，如果离得太远又达不到取暖的目的。经过几次尝试，它们最终找到了合适的距离，既能互相取暖，又不被对方的刺扎伤。这种现象就是"刺猬效应"，比喻人际交往中要保持适当的"心理距离"。

在复杂的人际交往中，交流的空间距离一般分为4个层次。与父母、恋人、爱人等最亲密的人，应保持0.15~0.46米，这是亲密空间；与一般亲朋好友之间应保持0.46~1.2米，可以促膝谈心、拉家常，这是个人空间；在社交空间中，与他人应该保持1.2~3.6米的距离；但是在公众空间中，应保持更远的距离，大于3.6米。

与不同的人相处，要保持相应的空间距离，让双方内心有安全感，这也是对他人的尊重。在此基础上进行交涉，更容易取得良好的沟通效果。

在一个阅览室里，坐着一位读者。过了一会儿，又一个读者走进去，并在他身边坐下来。结果，第一位读者立刻站起来，换到远处的一个座位上。

心理学家安排多个人做这种测试，结果都一样。甚至有的被测试者直截了当地说："你要做什么？阅览室这么多地方可以坐，为什么非要坐在我旁边？"

测试表明，在一个空旷的空间里，任何一个人都无法忍受陌生人与自己保持亲密的距离。因此，保持适当的空间距离，是带给对方安全感的需要，也是尊重的需要。

　　许多公司洽谈业务、面试员工的时候，通常会在双方之间隔一张桌子，这种距离不仅显得正式与庄重，而且使谈话双方感到舒服。

　　一般情况下，较正式的社交距离是2.1~3.7m。当然，根据不同的场合、不同的关系，人们也会适当调整人际距离。

　　在企业管理中，领导者与员工之间应该保持一种"亲密有间"的关系，防止出现阿谀奉承、行贿送礼等现象。如果没有距离，领导决策容易过分依赖身边亲近之人，容易被相关人员干政，扰乱大局。

　　生活中，需要与人保持交谈距离的情形数不胜数。和刚交往的恋人亲密接触较长时间后，你会发现自己对恋人的感觉和看法在不知不觉中慢慢改变。恋人的缺点逐渐暴露出来，你会感到失望。所谓"距离产生美"，正是这个道理。

　　"最恰当的距离是彼此互不伤害，又能保持温暖。"人与人之间如果想保持和谐相处的状态，就要保持适当的距离，疏者密之，密者疏之。

出口伤人等于招惹是非

　　在与人打交道时，有时难免发生口舌之争，会沟通的人懂得以和为贵，充分尊重他人，尽量避免争论，从而赢得别人的好感。

　　在沟通中坚持和睦共处，有损别人面子的事情坚决不做，有损别人面子的话坚决不说，会赢得更多朋友。正所谓祸从口出，许多误解和麻烦都是出言不逊的结果。因此，尊重对方而不是伤害对方，是远离是非的有效方法。

　　三国名将关羽战力惊人，他温酒斩华雄，过五关、斩六将，"百万军中取上将之首，如探囊取物耳"。然而，这位叱咤风云的一世之雄，下场却很悲惨，居然被吕蒙奇袭，兵败地失，被人割了脑袋。

　　关羽败走麦城，从大的方面说是蜀吴联盟破裂的结果，从小的方面说也与他骄傲自大、出言不逊有密切关系。

Chapter 07 尊重
没有尊重的沟通就是没教养

诸葛亮离开荆州之前,曾反复叮嘱关羽,要东联孙吴,北拒曹操。但是,关羽对这一战略的重要性认识不足。他瞧不起东吴,不把孙权放在眼里,致使吴蜀关系紧张起来。孙权派诸葛瑾上门求亲,准备让儿子娶关羽的女儿为妻。这本来是一件好事,但是关羽不答应,竟然狂傲地说:"吾虎女安肯嫁犬子乎?"

不答应孙权的求亲也就算了,又何必出口伤人呢?关羽根本不把孙权放在眼里,结果得罪了对方,加速了蜀吴联盟的破裂,为日后败走麦城埋下了伏笔。

说话口无遮拦,是情商低的表现。不懂得尊重他人,不把别人放在心上,甚至处处与人为敌,自然招来麻烦。不可否认,每个人都有自己的原则和利益,以及特定的利益诉求,但是只要他人没有触碰你的底线,还应遵循以和为贵的原则,在交涉中懂得谦让、包容。

◎ **为他人保守隐私**

人与人接触久了,总会知道对方的隐私。无论出于什么目的,你都不能向第三者泄露对方的秘密,如果你是大家眼中无法守护秘密的人,那么注定会成为孤家寡人。

◎ **为他人多说好话**

妒忌是人性的弱点,它会让人失去理性思考能力,做出过火的举动。克制妒忌情绪,不说别人的坏话,多说好话,处处修人缘,自然得道多助,赢得外界认同。

◎ **不与他人正面冲突**

卡耐基曾说:"你赢不了争论。如果输了,当然你就输了;如果赢了,还是输了。"在那些自以为是的争论中,你竭尽全力维护那些并不全面、并不成熟的观点,是在浪费宝贵的时间和精力,以及与他人弥足珍贵的情感。不与他人正面冲突,才能成为真正的赢家。

◎ **不与他人为敌**

与同事相处,应该真诚合作,对方有困难,尽心尽力地予以帮助;有人无意中冒犯了你,也没有说声"对不起",你要以无所谓的心情,真心真意原谅对方……无论面对谁，即使做不成朋友，也不必成为敌人，如此才能在互相成全中有更大的作为。

如果想创造辉煌的业绩，人际交往中，无论你跟谁共事，首要条件是双方默契配合，共同合作努力。无论面对什么矛盾，都不要与之争执，更不能出口伤人；多反省自己，少怪罪他人，就容易找到问题的症结所在，顺利打开局面。

不在别人难受时显露聪明

看到身边的人失意、难受，如果你无法帮对方化解危机，就选择安抚和劝解，万万不可锋芒毕露，显露自己后知后觉的聪明劲儿。

会沟通的人懂得察言观色，照顾对方的心理感受，绝不在别人伤口上撒盐，也不会哪壶不开提哪壶。这其实是一种换位思考的能力，是极具同理心的表现。对他人的心理感同身受，就不会有出格的举动，这是沟通中起码的尊重。

比如，对一个犯错的人，如果你指责对方当初不该这么做，甚至不留余地地告诉他最初应该怎么办，显然极其令人讨厌。这样做，不但当事人难受，也会让周围的人不舒服，招来大家的非议和冷眼。

李倩和宋茜是一个宿舍的大学同学，马上要毕业了，大家都忙着找工作。李倩家庭条件好，个人能力也强，很快就找到了一份好工作，剩下的时间就在宿舍里悠闲地享受生活。而宋茜生性内向，不善于表达，找工作的时候屡屡受挫。

傍晚，宋茜奔波一天后回到宿舍，坐在床铺上竟然哭了。宿舍其他姐妹问她怎么了，宋茜就说了最近找工作的遭遇，最后失望地说："我心里很难受，感觉没有能力胜任一份工作，不知道自己还能干什么！"大家围拢过来，七嘴八舌地安慰宋茜。

这时，李倩走过来，开始讲自己找工作的经历。然而，她说的都是自己面试时如何得到用人单位的青睐，以及拒绝了一家有实力的公司，

Chapter 07 尊重
没有尊重的沟通就是没教养

对方竟然打电话约自己再谈谈。最后，李倩说："宋茜啊，我想不明白，你到底是怎么回事，面试失败好几次了，你要总结教训啊，看看问题出在什么地方。"

听到这里，宋茜心里更难受了。李倩这么优秀，找工作这么顺利，宋茜愈发感到自己一无是处，于是哭得更伤心了。其他同学在旁边也不知道说什么好，而李倩还在滔滔不绝地数落宋茜，让人感到非常尴尬。

对方心里已经很难受了，你却在这里显露自己多么优秀，并且对自己的言行丝毫没有觉得不妥，这样的人其实就是情商低。个性直率本来是优点，但是如果不懂得照顾对方的感受，处处损害别人的自尊，那就是致命的缺陷。

这个世界上，有人笑就有人哭。当你炫耀自己的成就、显露自己的聪明时，应该观察一下周围人的反应，考虑大家的感受。在哭的人面前大笑，不但是一种无礼行为，还会给自己树敌。

法国哲学家罗西法古说："假如你要得到仇人，就表现得比你的朋友优越；假如你要得到朋友，就要让你的朋友表现得比你优越。"不要用自我夸耀的愚蠢方式得罪朋友，更不要把这种展示自己聪明的习惯带到职场中。得罪了朋友也许还有挽回的机会，在职场上得罪了他人，你会成为众矢之的，成为别人前进道路上的炮灰。

◎ 别揭露他人的不幸

一个人遭遇不幸的时候，会变得脆弱、敏感，显得狼狈不堪，并且不希望更多的人知道自己的窘境。如果你看到了这些不幸，万万不可当面问询细节，更不能逢人便说，揭对方的伤疤。

看到对方遭遇不幸，如果问题不太大，也确定对方可以自己解决，那就选择视而不见，别轻易说你看到了他的不幸。一个人自我抚平创伤需要时间和空间，你只需给对方保留面子即可，别让你的善意伤了对方的自尊。

◎ 学会沉默和陪伴

人们心情糟糕的时候，听不进去外界的任何劝慰。身心受了伤，需要静养，恢复元气。因此，过多安慰的话语反而是一种负担。理解对方的心情，尊重对方的感受，默默陪伴左右，是最好的帮助。

　　与其喋喋不休地显示自己的聪明，不如默默地陪在身边，因为话说多了难免智穷辞穷，不如相伴左右更令人安心。道理谁都懂，对遭遇不幸的人来说，他人的劝解是一种压力，陪伴左右的温暖更让人舒服。

Chapter 08

分寸

情商高的人可以把话说得滴水不漏

说话不知轻重,只会让你的人际关系糟糕

沟通是面对面的交流,需要考虑对方的感受和诉求,掌握好火候与分寸。说话不知天高地厚,听起来令人不舒服,只会让你的人际关系越来越糟。

大多数人都能说一两个笑话,开一两句玩笑,但是这些笑话、玩笑是否得体、是否合适就很难说了。一个不争的事实是,很多人把粗俗的笑话或荤段子当做幽默,这就大错特错了。真正会说话的人追求雅而不俗、简而不繁,绝不说粗俗的言辞。

一位新上任的局长宴请老局长,感谢对方工作上的帮助。酒过三巡,菜过五味,新局长有些飘飘然了。服务员端来一盘炸田鸡,老局长用筷子点了点这盘菜说:"田鸡吃害虫,对农民是有益的,以后还是不要吃了。"

有些迷糊的新局长有心卖弄一番,不假思索地说道:"没关系,这些都是老田鸡,已经'退居二线'了,不碍事。"说者无心,听者有意,老局长一听这话,当时脸色就变了。新局长看到老局长脸色沉了下去,知道自己说错话了,不知道如何是好。

一句玩笑话原本无伤大雅,问题是新局长选错了场合,结果引起了老局长的误会,让原本愉快的宴会陷入了尴尬。很多人不懂如何得体、适度地表达内心的想法,说话过于随意,令人难以接受。

实现良性沟通并不难,关键是把握说话的尺度。很多人在说话时会给人一种用力过度的感觉,或者只是简单模仿他人,再掺杂一些表演的成分,似乎只是为了讲话而讲话。根本原因在于,他们从一开始就没想清楚要达到什么样的沟通效果。

早年,画家张大千要从上海迁回四川老家,上海的艺术家们为他饯

Chapter 08 分寸
情商高的人可以把话说得滴水不漏

行。在首座这个问题上大家产生了分歧,大伙认为此次是为张大千送行,张大千自然应该坐首座,但是张大千却不同意。推来让去,张大千忽然说道:"首座这个位子应该让梅兰芳先生来坐,因为他是君子,我是小人,应该在末座相陪。"

此言一出,众宾客面面相觑,不解其意。看到大家发愣,张大千笑着说:"有句话说'君子动口,小人动手',梅先生是唱戏的,动口,我是作画的,动手。所以应该梅先生坐首座。"一席话不仅让在场的宾客大笑不止,也让众人领略了张大千淡薄世俗功名的豁达心胸。

如何让沟通得体而适度?最重要的是做到以下几点:首先认清自己的身份,说出的每一句话一定要切合社会地位、职业等;其次要明确立场,明白什么话应该说,什么话不应该说;再次要把握适度原则,也就是拿捏好分寸。

会沟通的人说的每句话,都像一杯香浓的咖啡,除了醇香扑鼻,还能提神醒脑。但是即便如此,饮用的时候也要把握好度。得体的言辞在任何人听来都是一种享受,不但准确传递了信息,还透露出浓厚的人情味。

措辞一定要把握好分寸

情商高的人懂沟通,他们不仅善于揣摩对方的心理,还可以在此基础上完美措辞,让话语更生动,让人听起来更舒服,从而感染人。做到这一点,关键是把握分寸感。

相信很多人都遇到过这种情况,与同事或朋友交流出现尴尬时,一句自我调侃就能缓和紧张的气氛,把大家重新带回良好的沟通氛围。这些人善于创造轻松愉快的交流氛围,并因此深受欢迎。

活跃于政坛、商界的交际高手都能灵活自如地运用社交技巧,既增加了亲和力,又出色完成了沟通。但也有一些人资质平庸,在学识与修养上没有过人之处,为了吸引听众的注意,他们持续往外扔段子，企图引起观众注意，虽然这些段子一开始听起来显得很有水平，但是仔细品味就会发现其中的破绽，很不严谨，有失分寸。

有一次，美国总统卡特准备出访盐湖城，当时他正被某教会的信徒授予"年度家庭男人"的称号。助手为他写了一份演讲稿，还特别注明"增加幽默语言"。为此，秘书给卡特准备了三四个笑话。

演讲的时候，卡特把那些逗趣的笑话全用上了。殊不知，他们犯了一个天大的错误。卡特和他的助手们当然没有意识到，这个教会一贯教育他们的孩子要严肃，不要轻率地看待世事。事后，有人描述当时的场景："我们站在一座圣堂里，大约有两千人在场，当卡特讲笑话时，他们只是瞪着他，呆若木鸡。"

因为措辞不当而陷入窘境，甚至招致麻烦，这样的情形屡见不鲜。沟通中把握分寸不仅包括言辞的设计、逻辑的严谨，还离不开特定的文化、地域背景、沟通氛围。一旦失了分寸，所有努力都会白费。

有的人并未掌握沟通的精髓，在他们的意识里，交涉仅仅是把话说出来，这显然是不够的。如果在表达过程中不把握好分寸，只是填鸭式地塞给听众，则是失礼的行为。

会沟通就要把握好分寸，好比给人看病用药，药量小了，起不到治病救人的效果；药量大了，不但治不好病，反而有可能治死病人。展示沟通本领的时候，一定不能失去对听众、对场面的准确分析和判断，措辞上也要轻重适度，令人愉悦。

恰如其分，才是沟通的最高境界，而失去"分寸感"的表达就不能称其为会说话了。尤其是与陌生人沟通的时候，一定要把握好"度"，让你的话语发挥出应有的效果，避免引起周围人的误解和不快。

注重场合对象，避免过于随意

口才好有利于沟通，但是展示口才也有许多禁忌。只有区分时间、场合、对象，这种交涉艺术才能收到预期的效果。有的人口无遮拦，不

Chapter 08 分寸
情商高的人可以把话说得滴水不漏

仅无法给他人带来愉悦的体验，反而会被当做小丑，这都是过于随意带来的恶果。

注重场合、对象，其实是对他人的尊重。古今中外，不乏忽视场合、对象，因乱说话而招致不必要的麻烦，甚至是杀身之祸的情况。这种教训是非常惨痛的。

有一个人开朗乐观，平时喜欢开玩笑，人缘还算不错。他想担任某个俱乐部的主席，一直在寻找合适的机会，经过不懈努力，终于成为候选人之一。

在竞选演说中，他决定借机展示一下自己的幽默才华，希望得到加分。在不到两个小时的演讲中，他一连讲了五六个笑话，并且还配以极为夸张的姿势和表情。结果，台下的观众被他逗得前仰后合，当他讲完最后一个笑话时，还有人高喊"再来一个"。看到台下的观众这么热情，他竟然又奉上了一个笑话，再次赢得众人的欢呼。

随后，他自信满满地等待着最后的投票结果。出乎意料，他没能当上俱乐部主席，并且票数倒数第一。明明赢得了大家的欢心，为什么得票率这么低呢？

正在他闷闷不乐的时候，一位观众走过来，他上前问道："我比他们差很多吗？"对方回答："不，你一点儿也不差，你很有喜剧天分，应该去当喜剧演员。"

有的人虽然诙谐风趣，很有喜剧天分，但其表现不得人心，只是众人眼里的笑话而已。不分场合、不分对象和时代背景的说话技巧，无论多么有喜感，都会破坏现场气氛，与初衷背道而驰。由此看来，说什么话办什么事都大有学问，不能由着性子胡来。

无独有偶，美国第40任总统里根也因为一句玩笑话，差点引发国际争端。有一次，国会举行会议之前，里根想试试麦克风是否正常，就随口说了一句话：尊敬的先生们，女士们，5分钟之后，我将宣布对苏联进行轰炸。

此言一出，举座哗然，议员们交头接耳，议论纷纷。其实，里根根本就没有轰炸苏联的意图，他只是想借试用麦克风的机会，调节一下会场的气氛。结果，这让与会人员震惊不已。不久，这句话传到了苏联人的耳朵里，对方表现出了极大的愤慨，要求美国表态。最终，里根总统不得不为这句戏言道歉。

这样的一句戏言如果是普通人在一般场合说出来，也能博大家一乐，但是一国总统在国会上这么说，影响力就非同小可了。可见，任何时候都不能乱说话，否则酿成的苦果就要自己吞下去。

很多时候，出于明确的目的与人交涉能帮我们打开局面，弥合分歧。但是，如果忽视场合与对象的差异，则难以达到目的，甚至引发误解和矛盾。比如，庄重的会场不适合开玩笑，不可忽视他人利益过分强调我方诉求，等等。

话不在多，但要句句都是重点

说话不是一件难事，但是说好、说到位并不容易。在沟通过程中，把话说到点子上，让对方产生心理共鸣与认同，是会说话的表现。如果答非所问，不着边际，显然无法让对方看到你的诚意，对方也不会认为你是一个靠谱的人。

那些能力出众的人，能够轻松解决难题，说话直指要害，并提出建设性意见，赢得一致好评。或许他们平时不苟言笑，但丝毫不能遮挡其踏实沉稳、独当一面的光环。相反，有的人平时夸夸其谈，遇上事却找不到头绪，所谓能说会道没有丝毫价值。

情人节的晚上，街头到处是一对对约会的情侣，还有一些年轻人在等着约会对象出现。马路边，有两个擦皮鞋的摊主在招揽生意。

一个摊主说："老板，擦擦皮鞋吧，又光又亮多气派。"

另一个摊主说："约会之前，先擦一下皮鞋吧！"

结果，这两个摊位前呈现出了不同的景象：第一个摊位前几乎没有人，第二个摊主忙得不可开交。

Chapter 08 分寸
情商高的人可以把话说得滴水不漏

为什么会出现不同的局面？显然，与摊主招揽顾客的说辞密切相关。第一个摊主虽然说话很有礼貌，但是到了晚上，谁又会在意自己的鞋子是否干净呢？第二个摊主抓住了年轻男女的心理，所以吸引了大量顾客。

试想一下，一会儿要与恋人花前月下，在这么浪漫的时刻把鞋擦干净，清清爽爽地出现在心爱的人面前，这是多么迫切的需求啊！第二个摊主说到了点子上，所以生意兴隆。

不能把话说到点子上，轻则影响沟通效果，重则破坏双方的关系，甚至会引发更加严重的危机。有的人很会说话，三言两语就能把重点表述清楚，透过重重迷雾找到解决问题的方法。显然，这样的人思维缜密、分析能力强，做事自然顺利、周到。

社会飞速发展，信息更新也越来越快，这要求人们在沟通的时候能够言简意赅、突出重点。与他人交流的时候，要明白话在精而不在多，有时候说得太多反而会误事。

马东刚毕业，找工作的时候害怕在面试官前冷场，总是没话找话。每次与面试官交谈，他都会把自己的优点、缺点仔细介绍一遍，但是这样的面试从来没有成功过。

后来听一位学长说，面试的时候应该知道谈话的重点在哪里，应该明白这份工作的具体要求是什么。通常，只要针对这份工作的具体要求阐述自己的特长，表明自己有足够的能力胜任，就能引起面试官的重视，多余的话不要说，否则只会起到画蛇添足的效果。后来，马东按照学长的指导面试，果然被一家公司录用了。

沟通中不能把握谈话的要点，无法与对方畅快地交流，进而建立互信、合作关系，这样的人显然缺乏掌控全局的能力。你是什么样的人，就会说什么样的话。一个不懂沟通技巧的人，当然会与不靠谱挂钩，自然也就难以赢得合作机会了。

能说会道是本事，但这并不意味着你可以毫无顾忌地高谈阔论。在说话这件事上，不懂得把握重点的人，显然还未掌握交谈的真谛。请牢记，"一针见血"的说话方式才是交流的最高境界。

总之，重点的话往往就是那三言两语，但是能把这三言两语说出来并不是一件容易的事情，这需要把握沟通的情境，以及对方的心理，才能提炼出关键性语言。

玩笑话一定要适可而止

在我们身边，说话风趣、爱开玩笑的人更受欢迎。适度的玩笑不仅能让人变得更有亲和力，还能够拉近彼此之间的距离，让人与人之间的关系更加亲密、和谐。然而，开玩笑一定要掌握尺度，把握好火候，分清楚对象。如果开玩笑过了头，不仅会引起他人的反感，还会在无形中伤害别人。

公元前8世纪，周朝最后一个君主周幽王昏庸无道，整天在后宫和美人嬉戏，他特别宠爱一个叫褒姒的妃子。尽管周幽王想出了各种方法满足她，但是褒姒始终不高兴，根本不露一丝笑容。为了博得美人一笑，周幽王简直伤透了脑筋。

这一天，周幽王带着褒姒到骊山的烽火台玩。他耐心地给褒姒讲解烽火台的用处，并告诉她如何点燃狼烟，让远在各地的诸侯们带领兵马过来。褒姒听到这里，不相信点一把火就能招来千里之外的救兵。为了证明自己说得没错，周幽王立即下令点燃烽火。

很快，各地诸侯得到了消息，大家以为国都受到了敌人的进攻，纷纷率领军队前来救援。当诸侯们匆忙赶到骊山脚下时，褒姒终于露出了笑容，这使得周幽王非常兴奋。他看到诸侯赶到了，就让大家回去，说这里没事。各位诸侯看到大王与妃子在高台上饮酒作乐，并没有敌人进攻，都认为自己被君主愚弄了。

此后，周幽王为了看到褒姒的微笑，多次点燃烽火，结果诸侯们又急匆匆地带着军队赶来了。而褒姒一见诸侯们又上当了，在烽火台上又是一阵大笑。后来，真的有敌人攻打周朝。周幽王赶紧下令点燃烽火，召唤诸侯。但是大家已经不再相信周幽王了，尽管烽火不断，却没有一个诸侯前来救援。就这样，国都被攻破，周朝灭亡。

本来，玩笑话是调节气氛、增添欢乐的助推器，但是如果失去了应有的分寸，它就会变成伤人的工具。在特定场合、特定时刻，说几句玩笑话可以缓和紧张的气氛，可以摆脱眼前的尴尬，也能给听众带来喜悦，驱散生活中的烦恼。善于沟通的人知道玩笑话的边界在哪里，因此知进退，不会惹出麻烦。

正所谓"说者无心，听者有意"，或许你讲笑话时并没有针对某个人，但是听众难免会联想到自己，结果引起不必要的误会。因此，在开玩笑前一定要想好后果，事先一定要避免引起对方误会。

◎开玩笑时千万不要揭露他人的缺点

缺点是一个人最不愿意提起，最想隐藏起来的。如果在开玩笑时将对方的缺点、生理缺陷、生活污点等一一抖搂出来，势必会让对方无地自容，严重伤害对方的自尊心。

◎开玩笑时千万不要讽刺他人

虽然带有讽刺、攻击和责怪意味的话能让大家发笑，但是也会造成不良后果，甚至让现场气氛变得尴尬和难堪。因此，玩笑话千万不能建立在讽刺他人的基础上，以免让对方陷入焦虑的境地。

◎开玩笑时千万不能揭露他人的隐私

有些人开玩笑时常常不自觉地涉及他人的隐私，倘若恰巧被他人听到，局面往往很尴尬，容易造成不必要的矛盾。

谈吐风趣的人更有魅力，人缘更好。需要注意的是，说玩笑话的时候一定要避免进入各种各样的误区。开口之前一定思考几秒钟，确认这样说是否会伤害对方，准确把握听众的心理预期，从而说对话、办成事。

高阶层的人不可有话直说

有话直说一般人可以，高阶层的人不可以有话直说。说得太明白，完全没有弹性，只会逼死自己，后果不堪设想。

对高阶层的人来说，口才的重要性是毋庸置疑的。说什么，不说什么，怎么说，大有学问。经验表明，地位越高的人，讲话越含糊。保持这种弹性，是为了让自己有腾挪的空间，不至于在沟通中陷入绝境。

宋太祖即位以后，手握重兵的两个节度起兵造反，经过艰苦的斗争才平定下来。这件事给宋太祖很大警示，他找到宰相赵普商量对策。赵普说："藩镇权力太大，就会使国家混乱。如果把兵权集中到朝廷，天下就会太平无事了。"宋太祖非常赞同赵普的意见，决定削弱地方的兵权。

过了几天，宋太祖在宫里举行宴会，石守信、王审琦等几位老将都来了。大家喝过酒，开始无话不谈。宋太祖示意身边的太监退出去，然后和大家干了一杯酒，说："没有大家的帮助，我不会有今天的地位。但是你们可能想象不到，做皇帝也有许多苦衷啊，有时候还不如你们自在。说实话，我好久没有睡过安稳觉了。"

大家听了，就问其中的缘由。宋太祖不露声色地说："人们都说高处不胜寒，我站在很高的位置上已经感觉到寒意了。"石守信等人知道宋太祖担心有人篡夺他的皇位，非常害怕，于是站起来跪倒在地上："现在天下已经安定了，没有人对陛下三心二意啊！"

宋太祖摇摇头说："你们和我南征北战，我自然信得过。但是如果你们的部下为了攫取高位，把黄袍披到你们身上，会出现什么情况呢？"石守信等人听到这里意识到将大祸临头，连忙害怕地求饶："我们愚蠢，没有过多考虑，请陛下给指条明路吧。"于是，宋太祖让他们去做地方官，添置足够的房产安度晚年，解除了他们手里的兵权。

宋太祖没有采取军事行动夺取将帅手中的权力，在酒宴上也没有与大家直接说明自己的想法，而是通过隐晦的方式表达出自己的意图，使大家知难而退，达到了预期的目的。

试想一下，如果宋太祖心直口快，直接表露出自己的担心，必然引发强烈反感，带来更大麻烦。

对高阶层的人来说，他们说的每一句话都会让别人胡乱猜想，

Chapter 08 分寸
情商高的人可以把话说得滴水不漏

所以说话务必慎重。把握好分寸，学会隐晦表达，能给对方留有回旋的余地，使自己保持谦逊的姿态，在人际交往中实现良好的互动。一些人说话过于直白，往往把他人逼进死胡同，让原本良好的关系僵化，无法收拾。

人和机器相比，一个明显的优势是有较大的弹性。今天，人们设法增大机械的应变力，但仍然和人有很大距离，由此不难看出弹性的重要价值。说话也一样，必须有弹性，才有进退的余地。

特别是对领导者来说，上来就把话说死，没有回旋的空间，就容易陷入僵局，不利于扮演好应有的角色。说话的时候，保持一定的弹性，在沟通中才有主动权，才能始终把握好大局。

◎ 头脑敏锐

善于随机应变，对于变动的环境具有良好的适应力。高阶层的人应该比常人头脑更灵敏，一旦发现情况有变，立刻调整沟通策略，适应新的局面。

◎ 自动调整

面对不同的人，需要运用不同的交涉技巧。而且，即使是同一个人，在不同场合也会有不同的情绪反应。因此，必须根据对方的心理变化、诉求目标调整交涉策略，以达到预期目标。

◎ 弹性应用

高阶层的人说话之前必须仔细拿捏措辞，每句话都保持弹性，以适应各种突发情况。讲话滴水不漏，让对方无法钻空子，是领导者应有的讲话水准。

高效沟通的关键是把话说到点子上

哈里·杜鲁门曾说，一个字能说明问题就别用两个字。说话要简洁，语言要精练,这样才能使听者在较短的时间里与说话者进行有效的沟通。简洁精炼的话语，包含着说话者高度浓缩的思想感情、智慧和力量，它给人以明快有力之感，从而留下深刻的印象。

在我们身边，总有一些人说话啰唆、拖泥带水，让人听了心烦意乱。而那些简洁明快的语言却能引起听众的关注，增强说话的魅力。显然，简洁明快的语言背后隐藏着高超的认知能力和思维能力，一开口就能把话说到点子上。

1948年，牛津大学举办了一场名为"成功秘诀"的讲座，并请到了声名显赫的丘吉尔到场进行演讲。各大媒体得到这个消息后，提前三个月就开始对外宣传和炒作，吸引了各界人士的广泛关注。

终于，讲座举办的日子到了，来自社会各界的人员纷纷到场，一时间人山人海，把会场围得水泄不通。大家都迫不及待地想倾听丘吉尔发表精彩演讲，了解他的成功秘诀。

演说开始了，丘吉尔示意大家停止鼓掌，保持安静，然后说："我的成功秘诀有三个：第一，绝不放弃；第二，绝不、绝不放弃；第三，绝不、绝不、绝不放弃！以上就是我的演讲。"

话音一落，丘吉尔向观众深深地鞠躬，而后走下讲台。台下的观众听完先是愣了片刻，随后爆发出热烈的掌声，整个礼堂顿时沸腾了。

丘吉尔言简意赅的演讲赢得了观众雷鸣般的掌声，因为他精辟地宣示了自己的成功之道，令人深信不疑。由此可见，说话抓住要点，切中要害，往往能够令听众感同身受，产生强烈的共鸣。

话不在多，最重要的是能够说到点子上。如果一个人滔滔不绝，却无法清楚阐明谈话的要义，没有重点，势必让听众陷入迷茫。你的讲话不知所云，又怎么能传达个人主张呢？自然也就无法令听者产生心理认同了。

做到要言不烦，说话时应多用短句，少用长句。短句易说易听，简洁有力，活泼明快。由于简洁有力，就可以表现激昂的情绪，坚定的意志；由于活泼明快，就可以干脆地叙事。这不为别人，更为自己。

说话一定要有重点，只有把话说到点子上，才能够引起他人的注意。出色掌握说话这门艺术，将话句句说到点子上，可以从以下几个

Chapter 08 分寸
情商高的人可以把话说得滴水不漏

方面入手:

◎ **搞清楚情况再说话**

想把话说到点子上,就要充分了解议题的基本情况,并作出正确的判断。那些未能搞清状况就大发议论的人,常常根据自己的主观印象对事物进行评价,这样无法给出公允和令人信服的观点,甚至令人讨厌。

◎ **找到合适时机再说话**

把话说到点子上,就要找准时机,对症下药。倘若说话的时间和地点都是错误的,那么说得越多,错得就越离谱。因此,一定要做到善于观察,找准时机,一语中的。

◎ **不说空话和套话**

假大空的话往往令人厌恶,只有那些实在话才能深入人心。因此,让每句话直指要害的关键是,绝不能讲那些空洞无物的大道理,更不能说不负责任的话。

在与他人谈话时,唯有把话说到点子上,方能获得对方的认可和信服,才会有人愿意与你沟通。保持内心平静,谙熟听众心理需求,一开口就切中要害,自然句句落在听者心里,能令其产生强烈的共鸣。

Chapter 09

有 趣

幽默表达帮你瞬间赢得他人好感

幽默的谈吐是好口才的重要标志

法国大文豪巴尔扎克说:"幽默能给你完全而压倒一切的胜利。"无论在日常生活中,还是在重要社交场合,幽默的谈吐总能瞬间令人屏气凝神、驻足倾听。它可以让剑拔弩张的氛围变得轻松愉快,可以让逆耳的忠言变得动听受用,更能让紧张的谈话者得到放松。显然,借用幽默的表达方式,人与人之间的交流可以变得和谐而美好,许多难办的事情也容易轻松搞定。

什么是幽默,似乎人人都懂,但要确切地给它下个定义,又不太容易。《辞海》这样解释"幽默":"美学名词。通过影射、讽喻、双关等修辞手法,在善意的微笑中,揭露生活的乖讹和不通情理之处。"不难发现,幽默首先传达了善意、和睦的信号,并承担了谈笑间力挽狂澜、诙谐中化解尴尬的使命,由此让当事人给外界留下了有魅力、有品位、有智慧的深刻印象。

在中文里,"幽默"一词最早由林语堂将英文的 humour 翻译而来。从字面上看,幽默的表达形式是含蓄、默契的,离不开特定民族深厚的文化积淀,包括历史典故、社会习俗、时代背景等。无论幽默的制造者,还是幽默的接受者,如果生性浅薄、浮躁或思维迟钝、心胸狭隘,那么多半与幽默无缘。幽默,注定与才华出众、心灵阳光的人相生相伴,集中表现为幽默的谈吐。

第二次世界大战期间,英国首相丘吉尔来到美国首都华盛顿,会见当时的总统罗斯福。会谈中,他提出两国合力抗击德国法西斯,并要求美国给予英国一定的物质援助。这一提议得到了美国的积极回应,于是丘吉尔受到热情接待,被安排住进了白宫。

一天清晨,丘吉尔躺在浴缸中惬意地享受着,手中还点着一根特大号的雪茄。忽然，一阵急促的敲门声响起，随后罗斯福破门而入。被惊吓到的丘吉尔立刻站起来，结果来不及找到衣服蔽体，就被美国总统撞见了。两国首脑在这种情景下相见，场面实在尴尬。这时，丘吉尔把雪茄一扔，说道："总统先生，我这个英国首相对你可是坦诚相待，一点儿隐瞒都没有啊！"说完，两个人哈哈大笑。

有了这个小插曲，双方的会谈也变得更加愉快，各项协议签署得异常顺利。或许，正是丘吉尔的幽默发挥了积极作用吧。那句"一点儿隐瞒都没有"，不仅仅是为了调侃打趣，缓解尴尬的局面，更是准确表达了坦诚相助、彼此信任的情谊。

丘吉尔不愧是叱咤风云的政治家，谈笑间将一场风波化解，还以此为契机拉近了彼此的距离，增进了友谊，其幽默谈吐令人叹为观止。

事实上，幽默是建立在知识储备和生活经验之上的语言艺术，在带来欢笑的同时达到某种沟通目的。在特定的环境中，它不仅能活跃氛围、愉悦他人，更能让人们在轻松过后接收到某种信息、领悟到某种道理。在关键时刻凭借幽默谈吐排遣尴尬、化解危机、扭转局面的人，最能展示自己口才出众、富有人格魅力的一面。

"幽默是一种优美的、健康的品质。"在各种场合，借助幽默的谈吐来加强交际的生动性和亲切感，已经成为一项重要能力和一个人的优点。在未来的日子里，如果你想赢得更多朋友并影响他人，不妨从训练幽默的谈吐入手，打开沟通的大门。

如何做到谈吐幽默呢？首先，要心态积极、情趣高雅，并勤于全面思考问题；其次，遇事反应迅速，思维敏捷，才能在紧要关头从容不迫地展示幽默的一面；最后，具有较高的文化素养和驾驭语言的能力，表达方式灵活多样，更能说话生动、有趣。

千方百计让自己变得有趣

"你喜欢什么类型的人？"在众多回答中，"有幽默感"占据了很大比例，因为和这样的人在一起总是很愉快。的确，谈吐幽默的人风趣、乐观，富有人情味。与他们相处，可以放松自己，尽情享受交谈带来的快乐。

幽默的谈吐，是交友、沟通的利器。一般来说，健谈的人都是用幽默感吸引听众的注意力，即使是普通的寒暄，他们也能说得沁人心脾，为生活增添了乐趣，幽默能让你成为更受欢迎的人。

某大学有一位植物学教授，因为研究方向小众，所以开设的课程也比较冷门。然而，每次上课的时候，教室里总是座无虚席，甚至还有人站在走廊旁听。出现这种情况，并非因为教授的专业知识多么渊博，而是他幽默风趣的讲课风格吸引人，使得学生们趋之若鹜。

有一次，教授带着一群学生进入山区，做校外实践。当地风景秀丽，沿途发现了许多不知名的植物，学生们一一发问，教授都详细的解答。一位女同学情不自禁地称赞教授："您的学识太渊博了，任何植物都认识！"

教授听了回头眨了眨眼，笑着说："这就是我为什么故意走在你们前面的原因了，一旦看到不认识的植物，我就'先下脚为强'，马上消灭它，以免露馅儿！"学生们听了，笑得前仰后合，越发觉得教授真实可爱。

教授随意开了个玩笑，立刻让气氛活跃起来，拉近了与学生之间的距离。"如果你是一个幽默的人，那么就会轻而易举地影响周围的人，让他们永远喜欢你；如果你是一个悲愤的人，即使身边充满了欢乐，你也不会看到。"每个人都愿意与幽默机智的人做朋友，因为他们像太阳一样，温暖着大家，让现场的气氛和睦融洽。

幽默的人不但有智慧，而且在教育和道德上表现卓越。事实上，幽默表达需要付出努力，而幽默之人会为此不遗余力。他们以宽容的心态看待世事，并将有趣、开心之处巧妙地传达出来，使听者精神愉悦，会心而笑。

研究表明，幽默是一种机智灵巧而又含蓄从容的语言艺术，理解这种艺术就像产生"共鸣"现象一样，需要双方相同的频率导致共振，也就是所谓"心有灵犀一点通",这相同的频率便是默契。如果你积极展示自己幽默的一面,并努力与他人产生心灵上的默契,那么自然容易赢得好感,成为大家眼中最有人缘的人。

掌握谈吐幽默的技巧,进而成为最受欢迎的人,应做好以下两点:第一,宽以待人。只有学会宽容才能以乐观、平和的心态面对眼前的人和事,而这是培养幽默感的基础。第二,随机应变。运用幽默时一定要切合实际,符合他人的心理要求,从而达到预期效果。如果只是单纯追求搞笑的效果,为了幽默而幽默,则可能会适得其反。

情商高的人敢拿自己开玩笑

海利·福斯第说过:"笑的金科玉律,是不论你想笑别人怎样,先笑你自己。"不过,大多数人很难做到这一点,因为他们放不下面子。在众人面前自嘲以博取掌声、赞许声,确实需要很大的勇气。

有一次,日本作家夏目漱石给同学们讲解英文小说,但是全篇的英文给他带来了麻烦。其中一个地方非常难懂,怎么翻译都不通顺,于是他问大家:"这部分有些难度,谁知道怎么翻译吗?"

看到没有人回应,夏目漱石随便喊了一个同学的名字,让他回答。结果,这位同学站了好久,也没有说出满意的答案。夏目漱石一挥手,示意这位同学坐下,然后将班上的同学逐一问了一遍。令人遗憾的是,没有一个人能回答上来。

最后,全班同学都用期待的眼神望着夏目漱石,以为他会说出答案。突然,夏目漱石说:"其实,我也不知道怎么翻译,所以才把你们都问了一遍。"

话音刚落,全班同学便哄堂大笑。夏目漱石敢于拿自己开玩笑,不但活跃了课堂气氛,也展示了真诚待人的品质。

在人际交往中有一个基本原则,那就是放低自己、抬高他人。幽默具有一定的讽刺意味,但是这种矛头不能轻易瞄准他人,而应指向自己,也就是拿自己开涮。敢于拿自己开玩笑需要极大的勇气，一个人太要面子往往很难做到这一点。

与人相处时不妨放开手脚，别拘泥于面子和小节，成大事者往往敢于自嘲，这种勇气的背后是自信、大气、不羁。如果你想在人群中脱颖而出，有一番作为，务必说话办事有魄力，该拿自己开涮的时候勇于自嘲。事实上，听众不会真的嘲笑你，反而会佩服你的果敢、风趣和社交能力。

自嘲不是简单地嘲笑自己那么简单，里面包含许多技巧和门道。比如，当事人要具备良好的心理素质，一定要放下面子；自嘲中既要有贬低自己的意味，还要给人以自我炫耀的感觉，等等。

当然，自嘲并不是刻意丑化自己，而是根据事实施展幽默技巧，给大家留下风趣诙谐的印象。一个严肃刻板的人不会有好人缘，让大家见识你活泼、开朗、有趣的一面，才能增强亲和力，构建良好的人脉关系。

辛辣机智地讽刺他人，是一种社交策略；敢于拿自己开玩笑，则是一种社交智慧。根据场合、对象、时机，恰到好处地拿自己开涮，会赢得更多关注，也能充分展示自己朴实、耿直的个性，让他人放下心防。

即兴聊天少不了幽默捧场

聊天是调节心情、释放压力的有效方式。两个人或多人聚在一起，自由随性地交流，最能沟通感情，增进友谊。为了活跃气氛，人们通常会借用幽默的谈吐表达想法，让即兴聊天充满乐趣。

那么，如何在聊天中洒脱自如地发挥幽默口才技巧呢？具体来说，分为两个方面。

首先，聊天内容应涉及有幽默感的段子。即兴聊天没有固定的主题，通常是东一句、西一句，想到哪里就说到哪里。谈话高手会主动说一些笑话、有趣的片段，所以他们更受欢迎。

寻找幽默段子，是对个人生活经历的一次资源搜集。人们多多少少会碰到有趣、搞笑的事情，这些都是可以与人分享的好玩故事。在聊天中，

Chapter 09 有趣
幽默表达帮你瞬间赢得他人好感

你提供的笑料越多，越能让人感受到你风趣可爱的一面。

英国有一位女作家，身形略微发福。在一次朋友聚会上，大家闲聊时，她主动谈到了自己的一次经历：

"有一次，我独自一人乘坐公交车。当时车上人很多，幸运的是我在始发站上车，有座位。行驶了几站，车上就挤满了人。这时，又上来三个人，一位年轻的妈妈抱着一个婴儿，身后还跟着一个步履蹒跚的老妇人，看样子是祖孙三代。

"令人遗憾的是，没有人主动给她们让座。于是，我挥挥手，冲他们喊道：'来我这边坐吧！'我站起身，让出了一个'大'座位，她们走过来，竟然都坐上去了。看样子，我的块头能装下三个人啊！"

朋友们听了她的描述，都笑得前仰后合。大家都忘了肥胖的身材是个缺陷，反而觉得她十分可爱。

肥胖是很多人心里的痛，对女人来说尤其如此。然而，如果有一份豁达的心态，并懂得自嘲，那么它可以成为你绝佳的幽默资源。在即兴聊天的过程中，把幽默段子引入话题，很容易引爆笑点，让你成为众人注目的焦点。

其次，采用幽默的方式聊天，也能提升谈话的趣味性，令人精神愉悦。相同的话题，采用不同的表达方式，会收到不同的效果。谈吐幽默的人懂得用逗趣的方式与人交流，适时制造笑点，所以在人际沟通中显得魅力十足。

比如，有人不小心把花瓶打碎了，你应该快速转换思维，说一句"没关系，这叫碎碎平安"。此话一出，相信本来紧张的气氛会有所转变，对方会立刻对你产生好感。说什么很重要，如何说更重要，能够把严谨的话题用轻松的口吻说出来，让听者感觉非常舒服，这就是高超的表达能力。显然，幽默的表达技巧能帮你实现这一夙愿。

让聊天过程充满欢声笑语，需要在平时积累幽默素材，同时，还要时刻锻炼自己的思维，凡事都能以积极、有趣的态度审视，这样便能在众人陷入哀愁时给予快乐的宽慰，让人切身体会到你的幽默心态。

幽默让你的错误也变得可爱

处理好复杂的工作和人际关系绝非易事，稍有疏忽就会出错。那么，用什么方式面对错误才是高明之举呢？如何表达才能最大程度上减少误解或降低惩罚呢？显然，幽默是不二之选。它像润滑剂一样，可以减少摩擦，让人忘却烦恼，在紧要关头让你的错误也变得可爱。

公共汽车一个急刹车，一个小伙子没站稳，不小心踩了旁边一个姑娘的脚。姑娘顿时花容失色，怒目而视，眼看一场争吵就要爆发了。这时，小伙子立刻笑道："对不起，我不是故意的！"同时还伸出一只脚，说："干脆，你也踩我一脚！"听到这里，姑娘心头的怒气没有了，还随着周围的人一起笑了。

犯了错误并不可怕，承认自己的过失，并用轻松诙谐的方式道歉，就会有效化解矛盾，赢得对方的原谅。通常，只要态度真诚、言辞有趣，对方就会感受到你的善意与可爱，瞬间抛弃指责的念头，甚至在心底对你这个人刮目相看。

当关系紧张的时候，幽默最能缓和气氛、表达善意，及时化解剑拔弩张的局面，达到和解的目的。对犯错的一方来说，幽默的谈吐配合主动示弱的姿态，会带给对方轻松、愉悦的感受，从而放弃攻击的冲动。因此，用幽默弥补自己的过失，能有效缓和紧张的气氛，避免双方陷入难堪以及无可挽回的境地。

一个人言谈幽默，于举重若轻之间就能化干戈为玉帛，这的确是令人称奇的舌上功夫。在不同时代，人们用幽默的话语成就了一段段流传后世的传奇。

明朝时期，艾子有一个孙子，十来岁，性情顽劣，不爱读书。因为恨铁不成钢，艾子经常拿木杖敲打孙儿，但仍然无济于事。艾子的儿子只有这么一个孩子，非常担心出意外，因此每当父亲杖打孩子的时候，总是在旁边含泪求情。看到儿子的可怜相，艾子更加愤怒，训斥道："我好意替你管教孩子，难道不对吗？"边说边打得更厉害了，儿子也无可奈何。

一个冬天的早晨，下起了鹅毛大雪，孙子在院里开心地玩雪球，不小心扔到了艾子身上。艾子大怒，立刻脱光孙子的衣服，罚他在雪地上跪一个时辰。结果，孩子冻得浑身发抖，非常可怜。儿子碍于父亲之前的态度，也不敢求情，于是脱去衣服跪在孩子旁边。艾子看到这种情形，吃惊地问道："你的儿子有过错，应该受到惩罚；你有什么错，跟他跪在一起？"儿子哭着说："你冻着我的儿子，我也冻着你的儿子。"艾子不由得笑了起来，宽恕了他们父子。

儿子的幽默言辞令人心情愉悦，艾子在这些糖衣炮弹的进攻下投降，不再追究孙子的过失，也不再迁怒于儿子。由此可见，幽默的说话方式能让愤怒消于无形，是处置各种麻烦的利器。在更多时候，它能及时弥补失言带来的过失，从而避免给双方关系蒙上阴影，达到消除误解的目的。

幽默是含蓄从容的表达方式，与直言不讳相比，它更容易让人接受。犯错以后，学会利用幽默的话语承认过失，并积极补救，会令对方感受到你的真诚与友善，从而得到谅解和宽容。

音乐学家钱仁康说："幽默是一切智慧的光芒，照耀在古今哲人的灵性中间。凡有幽默的素养者，都是聪敏颖悟的。他们会用幽默手腕解决一切难题，而把每一种事态安排得从容不迫，恰到好处。"以幽默的方式承认过失、表达歉意，恰恰是人际沟通中最讨巧的策略，因为它让你从犯错的被动局面中走向了主动。

风趣的谈吐有助于消除紧张感

演讲的时候，你可能会因为紧张而忘词，然后木然地站在台上说不出话来；表演节目的时候，你可能会因为紧张而忘记动作，然后傻傻地站在那里被台下的观众嘲笑；与人交流的时候，你可能会因为紧张而忘记话题，然后局促不安地一脸茫然。此时，不妨发挥一下幽默谈吐，活跃一下现场气氛，既能化解眼前的尴尬，又能消除内心的紧张感。

一家工厂进行整合重组，领导层全部更换。在新领导团队就职仪式上，刚刚被任命为工厂负责人的史莱克有点紧张。他知道，员工不认识自己，缺乏知名度，所以隐隐感觉很难得到认可。

秘书琼斯看出了史莱克的窘境，于是递过去演讲稿，还在上面画了几笔，然后叮嘱并鼓励道："您照着这样的方式进行开场白吧，相信大家会愿意听下去的。"史莱克虽然有些怀疑，但也只好死马当活马医了。

就职仪式开始了，史莱克战战兢兢地走上演讲台，他平复了一下呼吸，然后照着琼斯的提示开始讲话："今天我要讲很长的话——"全场的人听到这句话发出一阵嘘声，显然没人愿意听新老板在上面絮絮叨叨。史莱克接着说，"大家是不欢迎的！"听到后半句，人群中发出笑声，有的人拍手鼓掌。

看到大家的反应，史莱克不那么紧张了，接着说："但是有些话必须要说——"大家的掌声停了，纷纷屏气凝神。最后，史莱克微笑着对大家说："我会争取在十分钟之内讲完。"大家这才松了一口气，现场气氛轻松了许多。于是，就职仪式在轻松幽默的氛围中开始了。

紧张感大多源于陌生，因不确定性而变得缺乏自信。借用幽默谈吐能获得对方认可，同时也能消除自己内心的焦虑和紧张，从而拉近和对方的距离。

掌控局面的一个有效方法是用幽默活跃气氛，当你把观众逗笑的时候，你的紧张感也就不翼而飞了。因为，微笑是对一个人的肯定，代表着一种善意，而幽默恰恰是使人微笑的最好方法。

一个人能在紧张的时刻说几句幽默的话，更能彰显从容和淡定。风趣的谈吐既能让自己放松心情，也能让听众消除紧张感，为接下来的交流营造良好的氛围。

面对紧张的现场气氛，幽默的谈吐无疑能让人们放松焦虑的神经。为此，提前准备好几个逗趣的段子，才能有备无患。经验表明，说话幽默既能放松、鼓励自己，也是吸引听众的有效方法。

Chapter 09 有趣
幽默表达帮你瞬间赢得他人好感

用幽默的方式表达不同看法

表达意见的最终目的是为了说服他人，也就是在逻辑、情感上令对方接受你的主张。语言表达有没有说服力，除了和缜密的逻辑论证有关，还要看话语是否有感染力。幽默就是一种表达意见的有效方式，生动有趣、情理并重的言辞可以在最大程度上感染听众，让你的影响力更大。

许多时候，你不能直接提出建议、表达看法，采用令人容易接受的方式就变得十分重要。比如，不能在外人面前与长辈争论，不能当着大家的面反驳上司，也不能在课堂上与老师辩驳，等等。面对这些情况，如果运用幽默的方式去表达，就可以避免陷入尴尬的境地。

历史上，臣子很难表达自己的真实意见，因此，觐见提议者必须考虑上级的接受能力，再表达自己的想法。俗话说"伴君如伴虎"，在皇帝身边做事，稍不注意言辞，就可能丧命。但是，东方朔成功劝诫了汉武帝，成为一代忠臣，名留青史。

民间流传，汉武帝晚年渴望长生不老，四处派术士寻找方法。有一天，他高兴地对大臣说："看相的书上说，一个人鼻子下面的'人中'越长，寿命就越长；'人中'长一寸，能活百岁，不知道是真是假？"显然，皇上又在做长生不老的白日梦了。

东方朔听了这些话，不禁面露笑意。结果，汉武帝看见了，认为东方朔有讥讽之意，顿时龙颜大怒："你怎么敢笑话我？"东方朔急忙脱下帽子，恭恭敬敬地回答："我怎么敢取笑皇上呢？我是在笑彭祖的脸太难看了。"

汉武帝不解地问："你为何要笑彭祖呢？"东方朔继续答道："据说彭祖活了八百岁，如果真像皇上刚才说的那样，他的'人中'就有八寸，那么他的脸不是有几丈长吗？"汉武帝听了，哈哈大笑起来，忘记了刚才不开心的事。

东方朔通过幽默的语言，借助嘲笑彭祖来讽刺汉武帝长生不老的荒唐想法，显示了极高的劝谏智慧。整个批驳过程机智含蓄、风趣诙谐，连正在发怒的皇上也不禁哈哈大笑起来，令人拍案叫绝。看似危险的境况，因为幽默而化险为夷，这种表达方式比直接建议更有效。

幽默创造了积极的氛围，令人心情愉悦。在这种情况下，人们往往不会反驳提议者，反而更容易接受那些旁敲侧击、有启发性的暗示。在幽默诙谐言辞的感染下，人们会对提议者产生好感，甚至会在潜意识中产生心理认同，接受对方的建议和主张。

表达意见和讲故事不同，前者涉及的往往都是严肃的问题，需要讲道理，甚至双方进行辩论。显然，用严密的逻辑思维说服对方，就少了情感方面的感化力，在吸引力上没有优势。如果不在表达方式上标新立异，就很难得到对方认可。幸运的是，人们找到了幽默这种表达方式，弥补理性说服的缺陷，让严肃的沟通过程不再充满火药味。

幽默是加强表达感染力的重要方式，也是乐于让人接受的沟通技巧。提出意见或劝说引导时屡屡碰壁，不妨换成幽默风趣的言辞，你会发现原来难以搞定的事情可以轻松得到解决。这种口才艺术是每个人都应修炼的一种能力。

Chapter 10

人情

沟通的真正目的是理好人情、办好事情

学会客套，求人好办事

日常生活中求人办事，一定要注重礼貌、用词考究，避免说出不合时宜的话。许多人求朋友办事常常认为：好朋友之间无须讲究客套，而事实恰恰相反，朋友关系的存续是以相互尊重为前提的，容不得半点强求、干涉和控制。这是维系良好人际关系的基础。

你与他人的关系虽然熟悉、亲密，但是不可肆意透支这份信任。换句话说，关系越亲密的人，越在乎对方的态度。说话无礼，缺乏基本的敬意，会令人不舒服。长此以往，无论多么好的关系都会退步、瓦解，直至不复存在。

松下幸之助是日本松下电器公司的创始人，有"经营大师"的美誉。有人说他有一套秘而不宣的管理圣经，他却说自己只不过懂得如何做人做事罢了。

在松下幸之助看来，人是有感情的社会性动物，彼此交流不仅有功利目的，更有感情方面的需要。比如，"客套"是暖人心的，能加深双方的了解，建立亲密关系，增加友谊。所以在日常沟通中，松下幸之助是一个很讲礼节，很会运用客套的人。

每当交给下属完成一件事，松下幸之助都会说："这件事拜托你了。"遇到员工时，他也会主动打招呼，并且鞠躬致谢："谢谢你""辛苦了"。

有时候，松下幸之助甚至亲自为员工斟茶，或者送给对方一件小礼物。这些客套话、这些客套的做法有效激励了员工，大家都毫无怨言地做事，实现了企业的巨大发展。

每天，我们都在与人打交道，这是一个交涉的过程。为了满足对方被尊重、被重视的心理，少不了客套、寒暄。显然，把"客套"看作虚伪、庸俗的东西，加以排斥、抵制，势必会在为人处世的过程中连连受挫，因为这种做法违背了基本的人情世故。

事实上，每个人都拥有一片小天地，朋友之间过于随便，就不小心踏入这片禁区，从而引起隔阂甚至冲突。距离产生美，客套是一种礼节，一句问候、一个眼神、一个手势、一个点头、一个微笑……都能带给人尊重、关心，让人心瞬间暖暖的，可以缩短心理距离、实现感情共鸣。

懂得把对方放在心上，是与人交往的基本原则，更何况你准备求人办事呢？事先不作通知，临时登门提出请求，或不顾对方是否情愿，都会令人感到左右为难。因此，好朋友之间也应讲分寸，恪守交友之道。

你对朋友有所求时，必须事先告知，采取商量的口吻讲话，尽量在朋友无事或情愿的前提下提出所求，同时要记住：己所不欲，勿施于人。

情感沟通投资最少，回报最高

一分耕耘，一分收获。世界上什么投资回报率最高？日本麦当劳的社长藤田田在《我是最会赚钱的人物》中谈到，将所有投资分类，研究回报率后可以发现，感情投资花费最少，回报率最高。

感情，有时能比理智和技能起到更大的作用。从某种意义上说，与人交涉不能忽视在情感上拉近关系，包括平时培养感情。经验表明，良好的情感沟通，极具人情味的交往，可以产生良好的默契，为日后顺利交涉提供便利。

为了留住人心、提升工作效率，藤田田每年支付巨资给医院，作为保留病床的基金。当员工或家属生病、发生意外时，就能立刻住院接受治疗。这一做法解决了员工的后顾之忧，能够让大家安心工作。

此外，藤田田还把从业人员的生日定为个人的公休日：让每位员工在自己生日当天和家人一同庆祝。这样一来，员工就能和家人尽情欢度美好的一天，养足精神以后，第二天全身心投入到工作中去。"为员工多花一点儿钱进行感情投资，绝对值得。"藤田田的做法调动了员工的积极性，获得了良好的回报。

日常生活中，参加朋友婚礼、同学聚会……其实都是在进行"感情投资"。这既是做人的学问,也是日后办事的需要,是联络感情的有效策略。情商高的人懂得未雨绸缪,平时注重累积人脉资源,日后做什么都顺遂。

现代人生活忙忙碌碌,没有时间进行过多的应酬,时间一长,原本牢靠的关系就可能淡漠了;"人心"散了、丢了,以后求人办事就会很麻烦,遇到许多困难。因此,即使再忙,我们也要花些时间和精力加强情感沟通、进行感情投资。

◎常联系,多沟通

培养感情的办法很多,平时和他人在无拘束的氛围中聊天,就是一种有效而又简便的方法。其次,一餐便饭,一封感谢信,一份小礼品,几句祝福语,也是不错的选择。利用各种人际关系为自己的将来办事,无非是通过感情投资来拓展关系网。但是在进行感情投资时,应避免带有恩赐性,否则可能会对双方都造成损害。

◎开放式沟通能增进感情

在这一点上,惠普公司就做得很好。它的办公室采用"敞开式",全体员工都在一间大厅中工作,管理层也没有独立的办公室。同时,在工作场所,员工之间不称职衔,而是直呼其名,即便是面对董事长也不例外。这样做有利于员工之间相互通气,从而营造无拘无束和亲密合作的气氛。

◎看问题务必着眼未来

感情投资忌讳目光短浅,因为它是一项长期行为,决不能采取"平时不烧香,遇事抱佛脚"的短视态度。否则,别人能否为你办事,就值得商榷了。所以,平时不需要帮助的时候加强往来,才能在需要帮助的时候得到温暖。

◎一旦许诺就要说到做到

进行感情投资时,绝对不可轻易许诺,因为轻诺必寡言。这样做不仅会损害他人的利益,还会造成你感情上的信任危机。因此,一旦做出承诺,就要全力做到,哪怕自己会付出一定代价。

Chapter10 人情

沟通的真正目的是理好人情、办好事情

处理好人情世故就能解决棘手问题

聪明人会做人、能做事，他们能处理好人情世故，能出色解决好人际关系的问题，从而在沟通中化解各种矛盾和误解，成为处理复杂局面的专家。

在一个讲究人情世故的社会，人们之间的关系十分微妙，又特别复杂。所以，与人交涉的时候不能只遵循是非曲直的道理，还要把握好人情世故的逻辑。忽视了后者而不加变通，往往会处处碰壁。

二战期间，美军准备在部队里推行一款保险。根据设想，上保险的士兵每个月需交纳 10 美元保费，如果在战场意外牺牲，将得到一万美元的保险赔偿金。保险公司认为，一万美元的赔偿金很有吸引力，士兵们一定会积极投保。

此外，美军每个连队也督促大家上保险，但是士兵们并不买账。面对这样的尴尬局面，保险公司心里没底了，于是派一名销售员到军队中调查投保情况。

这名销售员来到部队，听了连长的汇报，与他预先掌握的情报基本一致。聪明的销售员转动脑筋，然后对连长说："亲爱的连长先生，麻烦您把士兵召集起来，我想借用几分钟时间，和大家说说保险的事！"

"现在是战备紧急阶段，没有太多的时间，干脆安排在吃饭之前吧，但是不要说太久，你只有几分钟的时间。"连长答应了。

到了与士兵沟通的时间，销售员说："亲爱的兄弟们，你们好，我是保险公司的销售员。现在耽误大家一会儿，我想说明一下关于投保的事情。大家为什么对保险不感兴趣呢？有没有人告诉我实情？"

一个身材魁梧的士兵站起来，说道："我冲上前线，生死未卜，假如阵亡了，那些钱与我无关。为什么不用投保的钱买酒，活在当下呢？"

"哦，原来是这样。我再强调一下，假如你买了保险，一旦牺牲就会得到政府的赔偿。假如不买保险，阵亡后不会得到任何赔偿，那不是白白牺牲了吗？试想一下，政府在派兵的时候肯定会考虑一个问题，是让牺牲后需要赔偿的士兵上阵，还是让牺牲后什么都不用赔偿的士兵上阵呢？"销售员笑着反问道。

士兵们听完哈哈大笑，开始交头接耳，议论纷纷。饭后没多久，大家就陆陆续续前来投保。就这样，销售员通过鞭辟入里的分析，成功说服了士兵们购买保险。

这个世界上没有无缘无故的爱，也没有无缘无故的恨。起初，美国士兵不愿意买保险，自然有无可辩驳的理由；保险销售员请求与士兵们面对面交涉，就是想知道这个理由是什么。了解到实情以后，销售员为大家进行了权衡利弊的分析，终于说服士兵们购买保险。

士兵陈述不买保险的理由，其实合情合理，是他们的肺腑之言。保险销售员没有否定大家，因为这是人之常情，但他进行了深入分析，揭示了政府派兵的原则，又合理论证了士兵买保险的正确性，随后大家纷纷购买。整个过程，没有谁对谁错之分，买与不买都合乎人情、事理，只不过随着深入地了解，才有了不同的选择。

◎遵从人情世故的逻辑

与人交涉的时候，务必遵循做人做事的一般道理。即使你手中握有权力，占据了"对"的一面，也要重视人情、体察人心。说话办事极具人情味儿，可以帮助你在沟通中更具影响力，赢得更多人的认同。

◎培养出色的洞察力

一个人的头脑，决定了他的作为。头脑，来源于对身边事物的洞察。交涉中要立足大局，察言观色，准确分析各方的利益诉求，积极主动地与大家交流自己的看法和观点，从而做出正确判断。当你具备了出色的组织能力、运作能力，得到了大家的认可，再处理各种事务就易如反掌了。

看透是聪明，不说是本事

每个人都处在各种各样的人际关系中，有着与众不同的个性。心性不同的人聚在一起，既是一种互补，也会或多或少产生各种矛盾与冲突。遇到分歧时，很多人喜欢争吵，分辨对错，结果只能两败俱伤，让彼此

Chapter10 人情
沟通的真正目的是理好人情、办好事情

的关系恶化。

比如，有的人喜欢在公开场合拆穿别人的各种错误，显示自己多么聪明。其实，许多人都看出了其中的端倪，只不过在揣着明白装糊涂。显然，这个蹦出来的奇葩并不高明，而且情商很低。

人际关系错综复杂，许多事情不能较真。在交涉中，如果执拗到底，眼里容不进一粒沙子，就会对任何事看不惯、容不下，到头来失去许多朋友。伴着自以为是的耿直，你只能忍受孤独无聊的生活。

第二次世界大战期间，一支部队在森林中与敌人相遇，两名战士在激战中与部队失去了联系。他们互相鼓励、安慰，在森林中艰难跋涉。

十几天后，他们仍然无法和部队联系上，身上的食物早就吃完了，面临着生死考验。后来，他们打死了一只鹿，靠着鹿肉又艰难度过了几天。接下来的几天，他们再也没遇到任何其他动物，剩下的一点儿鹿肉成了两个人的救命稻草。

危难接踵而至，他们又在森林中与敌人相遇，好在侥幸逃脱。当两个人到达安全地带时，只听一声枪响，走在前面的年轻战士中了一枪，后面的士兵惶恐地跑了过来，抱着战友的身体泪流不止。还好，只是伤到了肩膀。

当天晚上，受伤的战士失眠了，他听到熟睡的战友一直念叨着母亲的名字。接下来的几天，他们都以为自己熬不过这一关了，尽管饥饿难忍，可是谁也没动仅够一个人吃的那块鹿肉。第二天，部队救了他们。

几十年后，直到其中一个人去世，当年那个受伤的人才说："我知道是谁开的那一枪，他就是我身后的战友。当他抱住我时，我碰到了他发热的枪管。当晚我才知道，他想独吞我身上的鹿肉，我也知道他想为了他的母亲活下来。所以，我宽容了他，并没有提起此事。

"遗憾的是，母亲还是没有等到他回家就去世了。我和他一起祭奠了老人家。那一天，他跪下来，请求我原谅他，我没让他说下去。此后，我们做了一辈子的朋友。"

并非所有的事情都需要摊开说。轻轻松松就把别人的伪装划破，还觉得自己深明大义，往好的方面说，这叫"性情中人"，往坏的方面说，这其实是"自作聪明"。

许多事情就是这样，你一较真就输了。有些事情说不清道不明，无法解释清楚，不必太过认真。与人交涉的时候，大智若愚是一种高超的处世之法。在不违背原则的基础上，装糊涂未尝不是一个好办法。

许多事情不是你可以掌控的，交往中难免遇到各种复杂的局面，如果不懂得转换思维、变换方法，而是直来直往，就会寸步难行。遇到脾气不对的人就大动肝火，只能说明你缺乏基本的沟通智慧。

即使对方言语失误，也不必大动肝火。调换一下位置，想想他人的感受，你自然可以控制住自己的情绪，获得圆满的结果。性格耿直不是缺点，但是任由直性子发挥，潜藏着很大的危机。

世间没有那么多事情必须用是非、对错的观点来评判，追求和睦相处才是良好的处世之道。把握好人情原则，不因直性子毁了来之不易的关系，这不仅是维系和睦关系的基础，也是成大事的基本素养。

谅解对方过错比批评更有效

在人际交往中，破坏力最强的莫过于这三个字："你错了"。它通常不会带来任何好的效果，只会带来一场不快、一场争吵，甚至能使朋友变成对手，使情人变成怨偶。

人人都有自尊心，这是底线。古往今来，不知有多少人能够含辛茹苦、历经磨难，然而无论如何也不能忍受"当众出丑""颜面尽失"，尤其不能忍受别人的误解和污蔑。

显然，自我防卫心理、关注自我形象是人的天性。正由于如此，在与人交涉过程中应当宽容，正确面对分歧，争取双赢的结果。经验表明，善于容纳别人的缺点，谅解别人的过错，会更显亲和力。

史宾赛夫人是一位看上去非常友好、亲切的女士，白天经常和社区里的家庭主妇们一起参加各种活动，也时常做煎饼和比萨分享给邻居在大家看来，她是一个温和善良的妻子，可是也会不时地歇斯底里。

有时候，她会拿着菜刀、扫帚等在庭院里破口大骂。一开始，邻居们都以为她在和丈夫吵架，但是后来发现并不是这样。实际上，她在发泄一种怨恨的情绪。

原来，史宾赛夫人曾经被闺蜜欺骗过。当年，闺蜜给她介绍了一个商机，让她投资入股，结果不久闺蜜就消失了。一开始，史宾赛夫人完全不能接受这个事实，每天吵着要找到这个骗子，甚至口口声声说要杀了她。

后来，在药物和心理医生的帮助下，她渐渐恢复了平静，但却没有根治心魔。在以后的日子里，她仍旧会不定期地发泄仇恨情绪，让人愕然。

"以恨对恨，恨永远存在；以爱对恨，恨自然消失。"即使是一个心胸非常宽广的人，也往往难以容忍别人对自己的恶意诽谤和伤害。在人际沟通中，唯有以德报怨，以大度的胸襟去包容一切，才能赢来一个充满温馨的世界和明天。

一个人说错话或做错事，总是有原因的，重要的是知错能改。给予对方改正的机会，不把人逼到墙角，这份善意终究会有所回报。

当你和别人发生争执时，当你对别人所做的事情无法容忍时，一定要想想，批评对方有什么用，是否如你所愿。如果预期结果并非你的初衷，那么就选择包容和谦让，在隐忍中求得和睦共存。

对人动之以情，循循善诱，表现的是耐心与爱心。尝试着谅解他人的过错，可以照顾别人的情面，赢得友善与合作机会。这恰恰是沟通中的人之常情。

让正在气头上的人骂个够

与人相处，由于利害的冲突和恩怨的纠葛，指责和谩骂免不了会发生。当有人骂你，最好的应对方法不是回骂，而是让对方骂个够。对方的不良情绪发泄出来了，你再陈述自己的见解，更能事半功倍。这样做符合人性的特点与沟通规律。

比如，当对方暴怒的时候，让他骂个够，这是借力打力的技巧。就像太极拳一样，把对方的力化解掉。如果你口才不佳却硬要回骂，有理也会变无理；即使骂赢了对方，对你也不是好事。不妨沉默以对，让对方无功而退。

有一次，美国前陆军部长莱文森来到总统办公室，气呼呼地说一位少将用侮辱的话指责他偏袒一些人。

总统建议莱文森写一封内容尖刻的信，回敬那个家伙，"可以狠狠地骂他一顿"。莱文森立刻写了一封措辞激烈的信，然后拿给总统看。

"对了，就是这样。"总统高声叫好，"要的就是这个！好好训他一顿，真是写绝了，莱文森。"

但是，当莱文森把信叠好装进信封里时，总统却拦住他，问道："你干什么？"

"把信寄出去呀。"莱文森看到总统明知故问，一时间大惑不解。

"别胡闹了。"总统大声说，"这封信不能发，快把它扔到炉子里去。凡是生气时写的信，我都是这么处理的。这封信写的时候你已经解了气，现在感觉好多了吧，那么就请你把它烧掉，再写第二封信吧！"

面对他人的责骂，人们常常愤怒、烦恼，甚至很伤心。但是，千万不要让情绪控制应有的理性。这时，你不妨反省一下，自己哪里做得不对，或者做得不到位。更重要的是，让对方的坏情绪发泄出来，你再与之沟通会变得更加容易。

想当年，林肯如果没有对那些谩骂置之不理，恐怕早就承受不住内战的压力而崩溃了。后来，他写下了如何处理责备、对待批评的方法，被麦克阿瑟将军、丘吉尔奉为座右铭。

这段话是这样的："如果我只是试着要去听——更不用说去回答所有对我的攻击，我的店不如关了门，去做别的生意。我尽我所知的最好办法去做——也尽我所能去做，而我打算一直这样把事情做完。如果结果证明我是对的，那么人家怎么说我，就无关紧要了；如果结果证明我是错的，那么即使花十倍的力气来说我是对的，也没有什么用。"

Chapter10 人情

沟通的真正目的是理好人情、办好事情

人与人之间的是非恩怨，从来都说不清，也不是你能控制的。既然如此，你不妨"让人骂个够"，然后再按照既定的策略说服对方、弥合分歧、消除误解。具体来说，这样做的好处有如下两点：

◎ 让对方失去进攻的对象

谩骂与攻击，也是需要对手的。通常，一方骂得很厉害，另一方也对骂，双方才会越骂越凶，没有停止的可能。反之，被骂的一方不还手，骂人的一方会慢慢觉得没劲，最后也就不了了之了。骂不还口，对方也就闹不起来了。

◎ 让自己成为"值得同情的人"

发生争执、对抗的过程中，人们大多同情弱者。如果你让对方骂得痛快，而自己默默无声，必然可以塑造一个"弱者"的形象，引发旁人的同情。这就给了骂人的一方无形的压力，接下来再施展你的交涉艺术，必然更容易成功。

请牢记，"情"是拿来讲理的

中国人是感性的，强调家庭伦理，"仁义礼智信"恰恰是人情的真实写照。很多事情，只要和对方关系好，又符合对方要求，就容易轻松拿下。于是，有人认为，中国人把"情"放在第一位，超出了理性，这其实是一种错误。事实上，这是对中国人的情理关系的误解。

事实上，"人情"是工具、是手段，不是目的。有的人背着很重的人情包袱，甚至喘不过气来。出现这个问题，其实都是自己加上去的，怪不得别人。因为他们没有理解"情"与"理"的正确关系——"讲情"是为了更好地处理"事理"。

在生活实践中，中国人很早就意识到单纯"讲理"，会给沟通增加许多困难。为此，我们主张情、理、法三者并举。其中，"理"居其"中"，是最重要的。无论"情"也好，"法"也罢，都必须以"理"为基础、为目标。中国人最重视"理"，表现在"人人爱讲理"的行为上，比如"读书，要明理""做人，要懂得道理"。

处理各方关系，情商高的人重视用情去感化、开导人，但是又坚持一个前提，那就是不能破坏基本的事理。违背了"理"，所有的人情手段都是错误的。

吴俊是一家销售公司的部门经理，他工作水平有限，更擅长做表面文章，能当上部门经理是因为他是老板的弟弟。

吴俊平时工作拖拖沓沓，但是老板一来，他马上摇身一变，一副干劲十足的样子。而且，他仰仗着和老板的亲密关系，好像拥有了某些特权，经常对员工指手画脚，而且说不到点子上。大家私下里对此极其反感。

有一次，吴俊一时兴起，对财务部门一位职员的工作横加干涉，甚至恶语相向。恰巧老板经过，这位职员就当面指出了吴俊的诸多错误。接着，老板把弟弟带到办公室密谈。没想到，第二天那位职员就被辞退了。

具有讽刺意味的是，这位职员后来在另一家企业发展得很不错，据说那儿的老总特别欣赏他敢于直言的个性。其他看不惯吴俊的人，也都开始考虑另谋高就。其实，真正该走的是吴俊，可惜老板太相信自己的弟弟了，结果公司经营状况一直走下坡路。

在上面的案例中，吴俊的哥哥显然不能胜任领导之职。他在交涉中极力维护弟弟，不在意事情本身的是非曲直，以致日后经营每况愈下，不得不为错误决策买单。

会沟通的人既看重"情"，也重视"理"，并在"理"的基础上处理"情"。因为过分重视"情"，破坏了事理，最后在错误的道路上越走越远，这样的教训太多了。最高明的策略是把"理"放在第一位，并用"情"包装"理"，让人际交往与沟通变得极富情感色彩。

◎ 单纯坚持道理，会增加沟通障碍

理，是一种理性思维，比感性思维更难理解。并且，道理多半是相对的，究竟孰是孰非，很难判断。如果处处讲道理，实在不容易沟通，必然造成人与人之间的巨大障碍。因此，必须通过"情"来说"理"，达到明事理的结果。

◎ 坚持自己的道理，容易偏激

一个人为了坚持自己的道理，很容易走极端，在与人交往中不妥协。实际上，人难免有成见、偏见，这并不可怕，但如果加上"固执"，那就麻烦了。固执己见的人为了坚持自己的道理不懂得退让，怎么能进行良性沟通呢？

◎ 只听某一方的理，很难步调一致

讲理是必要的，但是如果不分场合，不顾大局，只谈自己的道理，必然会各说各话，陷入个人的小圈子。这样一来，人与人之间的沟通就陷入了死胡同，至于处理好各种事务也就无从谈起了。

指出对方错误不忘维护面子

对他人提出善意的批评，帮助其指正错误，是一件有益的事情。但是，在表达的时候应该有所顾忌，不要让对方无地自容，下不了台。通常，指出对方的错误最好采用委婉的方式，这样对方容易接受，效果也会更好。否则，不但无法帮助对方改正错误，反而影响两个人的关系，那就与初衷背道而驰了。

在中国，面子展示了人们一种普遍的心理特性。它代表了一个人的尊严，正所谓"打人不打脸，骂人不揭短"，说的就是这个道理。所以，在指正别人的错误时，一定不能伤到对方的脸面，否则费力不讨好。

比如，领导者批评下属，帮助其纠正错误，是天经地义的事情。不过，在追求人性化管理的今天，批评教育也要讲方法，才能收到预期的效果。显然，上级批评下属不能高人一等，也不能任意妄为，超越正常的管理底线。

在公司的企划案研讨会上，经理细心地审阅着报送上来的设计方案。看到张亮的设计方案，经理面露难色，眉头紧皱，因为上面的字写得宽大松垮，且把页面的格子都塞满了，看起来很不舒服。

于是，经理不经意地说："小张啊，你的字该减减肥喽！"大家听完哈哈一笑，张亮也不好意思地笑了，然后说了一句："我一定多加练习。"

看似让下属丢脸的事情，被经理一句幽默的话成功化解了，原本尖锐的批评也变成了和睦融洽的交流。显然，经理照顾到了张亮的颜面，所以这次批评显得更富有人情味儿。

批评是为了让他人认识到自身的不足，帮助其改正，然后更好地做人做事。经验表明，掌握对方心理，采取其容易接受的方式说话，更能增进彼此的信任与理解，对方也更能感受到你的善意。

在批评下属的时候，如果能从正反两个方面给予评价，无疑会更加客观公正，更容易被下属接受。也就是说，批评中不忘肯定对方的优点，将夸奖和批评结合起来，更容易被接受，也更有助于解决问题。

比如，领导者批评下属的时候可以"先褒后贬"，轻松指出对方在工作中存在的问题。如果当面训斥下属，必然会把彼此的关系弄僵。而借助得体的表达技巧，不仅能让下属体会到上级的友善，更有助于督促其改正错误。

指出对方的错误不留情面，甚至气急败坏，会让你失去理性思考的能力，也无助于对方接受你的观点。学会换位思考，站在他人的立场看待批评这件事，并寻找有效的方法，这才是情商高的表现。

没有人喜欢盛气凌人的对话方式，即使你是正确的。避免让他人产生逆反心理，并积极接受你的劝导，最有效的方法就是和风细雨。建立融洽友善的关系，需要谙熟对方好面子的心理，这也会让你在说话办事中多一点儿人情味。

在纠正别人的错误的时候，一定要采取委婉的方式，切勿触碰对方的禁忌。否则，错误没有纠正过来，还会让两个人的关系陷入冰点。

Chapter 11

取 悦

交涉中满足对方心理让你更有影响力

谙熟他人心理是取悦的前提

让谈话有效、顺畅，读懂对方的心理是基本技巧之一。在知己知彼的前提下制定出合适的谈话策略，才有助于达到沟通的预期目的。

察言观色是熟知对方心理的有效途径，在交涉的时候可以根据对方的衣着、神情、举止等窥探对方内心的真实想法，然后有针对性地设计对话模式、策略，这样自然容易把话说到对方心里去。

身为法兰西第一帝国的皇帝，拿破仑不喜欢被人奉承。有的人为了讨好他，极尽奉迎之能事，结果遭到了严厉的批评。然而，一位年轻的士兵说了一句奉承的话，不仅没有被训斥，反而让拿破仑很开心。

这位士兵自然了解拿破仑不喜欢被人奉承，同时也知道每个人都渴望获得别人的肯定，于是，他对拿破仑说："陛下，我知道您是一位不喜欢被奉承的皇帝，这种正直英明的品格令人钦佩。"这句话说到了拿破仑的心里，他自然心花怒放。

了解一个人的心理，便能推测出对方的需求。在这一基础上沟通，可以找准说话的正确方向与交谈策略，从而被对方接受。会沟通的人懂得满足他人的心理诉求，因此一开口就能抓住人心，令人感觉舒服。

没人愿意被指责、批评，在芸芸众生中，谁都想凸显自己的不同，获得高人一等的心理体验。只要摸准对方渴望得到认同和赞赏的心理，自然可以轻松找出对方喜欢听的话，然后让对话变得更加容易。

弗洛伊德认为，人格是由本我、自我、超我组成的。其中，"本我"是非理性的，被冲动和欲望主宰，会不顾一切地寻找满足和快感。喜欢称赞、奉承是"本我"的一个重要特征。因此即使面对虚假的奉承、赞美，人们在内心深处也能获得长久的好感。换句话说，在与人对话的过程中，适当的赞美会产生积极的影响力。

Chapter 11 取悦
交涉中满足对方心理让你更有影响力

除了赞美,人们还渴望得到关爱、理解、信任等心理满足感。具体到不同时期、不同场合,当事人也会产生特定的心理需求,等待着你去发现、挖掘。如果你想在社交场上成为一个受欢迎的人,就要学会理解他人,并运用心理分析的技巧和方法,设计出对话的策略,从而赢得信任和帮助。

了解对方心理是成功进行谈话的前提。知道对方心理状态如何、需要什么,你才能制定有效的谈话策略,从而顺利实现沟通的目的。如果不了解对方的心理,即便你口若悬河,也无法把话说到点子上,更无法打动人心。

当然,了解一个人的心理并不是一件容易的事情,即便面对熟悉的人,想准确熟知对方的心理也要花费一番工夫。研究表明,人的心理会随着环境、对象产生变化,因此在交谈中灵活应变,才能掌握对方微妙的心理变化,做到有的放矢。

日常与人沟通时,一定要多说对方想听的话,令对方感到振奋开心的话。善于沟通的人,会在拿捏对方心思方面甘于付出努力,善于换位思考,所以他们能够成功了解对方心理,打开交流、沟通的大门。

如何摸准听众的心思

众所周知,在沟通中,听众主要是通过说话者的"讲"来获得信息和知识。如果你想在交涉中取得良好的预期效果,先要了解听众,摸准大家的心理活动。

听众的心理现状是什么样,他们对什么感兴趣,又对什么问题有疑问,心理需求是什么……只有弄清这些问题,然后从听众的需求和兴趣出发组织语言,才能令人信服。

摸准听众的心理,需要事先对听众的关注重点、文化需求有一个整体了解。"见人说人话,见鬼说鬼话",更容易达到既定的沟通效果,这也是交涉取得成功的关键。

一个演讲者为当地政府部门的公务员做报告。由于这些听众关注的大多是社会问题,因此他决定讲一个与之有关的故事,吸引大家的注意力。

演讲者说:"有一个人因为向他人讨债不成功,内心抑郁,跑到一栋高楼的顶层,准备跳楼自杀。附近的人们看到这一情况后都跑来围观,有的人迅速报警。警察来了,心理谈判专家也来了,爬上顶层,准备与跳楼的人对话。

"结果,跳楼的人大喊:'你们不要过来,再靠近,我就从这里跳下去,不要过来!'由于当事人相当激动,双方僵持着。就在这时,楼下一个围观的人没有耐心了,冲顶层的人大喊:'喂,我还要去买菜,你到底跳不跳?'"

这个跳楼事件明显是一个社会问题,暴露了人性的扭曲,立刻吸引了台下公务员的注意力。接着,演讲者从这件事展开,进行了一场精彩的报告。

从你开口那一刻起,听众就扮演着被动接受信息的角色,但是他们不是没有思想的"接收器",而是具备主观能动性的人。如果不能准确把握听众的心理,不讲他们想听、喜欢听的内容,自然无法满足他们的心理预期。

沟通是一种双向互动式交流,让听众参与其中,更容易了解大家对某个话题的真实想法,有什么意见和看法。为了摸准听众的心理,讲话者要围绕着听众接受信息的特点展开话题。

◎ **永远把听众放在第一位**

在沟通过程中,你要时刻谨记以听众为中心,讲听众感兴趣的、想听的话题和内容,这是把握好听众心理的基石。

◎ **始终牢记听众的基本特性**

根据听众的文化层次、社会地位,把握听众的心理,然后选择合适的讲话材料和语言,确保讲话内容生动形象、语言通俗易懂,从而让沟通变得更亲近人,广受欢迎。

Chapter 11 取悦
交涉中满足对方心理让你更有影响力

◎与听众及时互动

沟通是一种双向互动式的交流,你要学会与听众进行简单的交流互动,通过听众反馈的信息及时调整说话的内容,更好地了解听众的心理诉求,从而使沟通更加得体、有效。

◎适时调整讲话内容

有时候,你要根据听众现场的情绪,及时调整讲话内容和谈话方式。沟通过程中应该随机应变,随时捕捉听众的心理变化,把听众的情绪逐步推向高潮,让双方产生强烈的心理共鸣。

会捧场的人人缘更好

人捧人,越捧越高,你高,他也高,这是人己两利的事情。从自身角度考虑,给人捧场,才有人给自己抬轿。不要把捧场看作是谄媚,认为这有损自己的人格;不要自视过高,放不下架子;也不要怕别人胜过自己,担心相形见绌。

从小的方面说,与朋友相处,没有工作中的竞争压力,少了日常生活中的琐事烦扰,大家亲密交谈、畅快沟通,期间自然少不了来自对方的赞美——这无疑能使我们得到对方的认同,使自身价值得到彰显。

从大的方面说,中国有许多礼节,碰上婚丧嫁娶等大事,亲戚朋友都要参加,有许多场合还要送礼。这既是几千年来的传统,也是朋友之间保持联系的一种方式。给他人捧场,才能把"人情"送出去,把"友谊"请进来。

联络感情本来就不是一件容易的事,用"捧场""捧人"熟络关系,做到与人为善,是最简便、最有效的交友方法和人际沟通原则。学会站在对方立场上考虑问题,善于明察秋毫,给朋友捧场,实际上是在让人为自己抬轿。

多年以前,李嘉诚帮助包玉刚购得九龙仓,又从置地购得港灯,还率领华商一起"围攻"置地。但是,李嘉诚并没有因此与纽璧坚、凯瑟克结为冤家，没有与他们成为不共戴天的仇人。相反，每一次战役后，大家都握手言和，并联手发展地产项目，在商场上既竞争又合作。

这一局面的出现，在很大程度上得益于李嘉诚做人做事的智慧。他说："要照顾对方的利益，这样人家才愿与你合作，并希望下一次合作。即使在竞争中，也不要忘了想一想对方的利益。"

追随李嘉诚几十年的洪小莲，这样评价李嘉诚独特的做事风格："凡与李先生合作过的人，哪个不是赚得盘满钵满？"

善待他人，利益均沾，相互捧场，是生意场上交朋友的前提，诚实和信誉是交朋友的保证。"一个篱笆三个桩，一个好汉三个帮"，在生意场上，说话办事必须给他人捧场，努力发展合作关系，大家开开心心，才能都有利可图，绝对不要因为利益闹得不欢而散。

显然，李嘉诚在积累财富的过程中善于给他人捧场，依靠高超的手腕建立起好人缘，从而在险恶的商场上避免了与人为敌。有人说，李嘉诚生意场上的朋友多如繁星，几乎每一个有过一面之交的人，都会成为他的朋友。这一说法并不夸张。在生意场上，李嘉诚创造了只有对手而没有敌人的奇迹，这首先是做人的胜利。

"捧"字好像有些不顺眼，有人甚至把它等同于"阿谀奉承"，认为是小人的行为，这是不妥当的。许多人信奉"休要长他人志气，灭自己威风"，总是拼命抬高自己的身价，对别人吹毛求疵。这样一来，彼此相互揭短，是"为敌"的表现。作为朋友则不同，我们要做的是"捧场"。

其实，"捧"自古有之，商人的捧叫"广告"，而朋友之间的捧是互相标榜。真正的"捧"并不是瞎吹，不是胡说，而是根据对方的实际状况，发现对方的长处，进行赞美。给朋友捧场，是成全他人；朋友给我们捧场，是成全自己。由此可见，"捧"是成己成人的工具，绝不是什么卑下的行为。

捧场就是称赞对方最引以为傲的东西，让对方感到高兴，使其心理得到满足。捧人绝不代表不正直，相反，这样的人往往很有智慧，懂得如何快速赢得对方喜爱，获得好人缘。

Chapter 11 取悦
交涉中满足对方心理让你更有影响力

满足前辈"好为人师"的心理

公司里有很多老职员，他们喜欢教导新来的同事，帮助后者更快地熟悉业务和环境。通常，这些人十分热心，大事小事都要参与进来，表现出"好为人师"的一面。因为资历老、经验丰富，人们喜欢在新人面前卖弄一番，这是一种正常的心理。

推而广之，好为人师是大多数人梦寐以求的理想状态。这样做，不但可以将自己丰富的经验、体验呈现给对方，还能享受由此带来的尊贵感觉。因此，在与人交涉的过程中，为了获取特定信息，不妨通过满足对方好为人师的心理，引导对方说出对你有价值的话。

毕业之后，李峰成功进入一家销售公司，这里的待遇和发展空间都充满无限可能。然而，有一件事令李峰十分头疼——主管是一个"热心肠"，许多事情都要亲自指导，必须符合他的想法才行。

一开始，李峰尽可能对主管敬而远之，以防被盯上，接受指点。但是，为了在公司站稳脚跟，他开始转换观念，主动与主管密切关系。

经过多方了解，李峰得知主管是文科出身，喜欢文学和京剧。或许正是由于带有文人气质，有的同事不太喜欢这位"酸溜溜"的上司。因此，他在公司里形单影只，看起来有些落寞。

毕竟在公司里工作多年，对公司的运营状况了如指掌，李峰看重这一点，决定真心拜主管为师，在工作、社交等方面多加历练。

恰逢新年晚会之际，全公司的同事欢聚一堂。当时，没人愿意和这位主管坐在一起，李峰看到旁边空着位置，就主动走过去。接着，他向主管请教了一些京剧方面的问题，让对方侃侃而谈。

原来，李峰已经做好了充足的准备，该发表观点的时候绝不含糊，两人相谈甚欢。这让主管大喜过望，没想到平时不显山不露水的李峰学识不浅，于是对他刮目相看。接着，两人又聊到了公司的近况，让李峰大开眼界。

此后，李峰遇到公司业务方面的问题，就直接向主管请教，后者知无不言，很乐意为这位新来的员工解答困惑。李峰发现，主管为人忠厚老实，很容易相处，并非大家想象的那样不容易接近。

自古以来，教导别人能够极大地满足一个人的虚荣心。鲁迅笔下的孔乙己便是这样的人，尽管自己吃不饱穿不暖，还要教别人写字。事实上，许多人都在心里期盼着成为别人的老师，为他人指点迷津，满足自己的虚荣心。和好为人师的同事、领导相处，就要抓住这个特性，虚心向他们请教，得到你想知道的一切。

三人行，必有我师。满足前辈"好为人师"的心理，不是虚伪地讨教，而是真心向对方求教。毕竟，每个人都有专长，以及对某些问题非凡的见识。多与他们接触、沟通，有助于你增长见识、开阔视野。尤其对职场新人来说，那些好为人师的前辈，确实是你成长道路上的贵人。

尽量把话说好听点儿

美国著名心理学家威廉·詹姆斯曾说："人类本性中最深的企图之一是期望被赞美、钦佩、尊重。"建立良好的人际关系，并恰当地赞美别人，是交往中必不可少的说话之道。多说好话，没有人会厌烦这一点。

好听的话如同春雨滋润大地般温暖心田，把话说得好听一点儿，不仅能够让对方更容易接受，也能够拉近彼此之间的距离。在工作和生活中，说话太过直接的人往往不容易得到他人的喜爱，而那些说话委婉、让人听起来舒服的人则更受欢迎。

张明和王亮大学毕业后一起进入某公司销售部，他们工作能力相当，工作业绩也不相上下，但两人性格迥异，为人处世的方式也有很大差异。

张明是个大嗓门，和谁说话都是直呼其名，例如总是喊身边的同事"小张""小王"等。有一次，销售经理正在办公室接待客人，张明在门口高声喊道："老李，你来电话了。"销售经理听后十分恼怒，一边向外

Chapter 11 取悦
交涉中满足对方心理让你更有影响力

走一边想:"一个下属竟然当着客户的面喊我'老李',太过分了!"

王明则不同,不论见到谁都恭敬有礼,总是称自己的上司为"×经理""×主任"等,而对与自己平级但资历较深厚的同事则称"哥哥""姐姐"。上司每次交代的任务,王明都认真完成,具有极强的执行能力。并且,下班后他总是走在最后,见到有人走得晚便主动上前沟通。

不久,销售经理助理被调到其他部门,公司决定采用公开竞聘的方式选拔新的助理。张明和王亮作为销售部的业务骨干,一起参加了这次竞聘。最终,王明以高票优势成为经理助理。

由此可见,说话方式不同,得到的结果也大相径庭。不能站在他人的立场上说话办事,或者不擅长把话说得好听一些,自然无法赢得他人认可。场面上,或许你说的话没有错,但是因为说话的语气或方式不妥当,就会让人产生厌恶和抵触心理,从而降低对你的好感。

不论在生活还是在工作中,一定要不断修炼说话的技巧,把话说得好听些。多考虑他人的感受,照顾对方的情绪,这是社交的基本原则。在此,可以从以下几点入手,提升说话的技巧。

◎人人都喜欢听赞美的话

多说赞美的话,例如"太好了""你真厉害"等。这样的话一出口,就能让对方得到被认可的感觉,从而对你产生好感。

◎彬彬有礼,别说不敬的话

礼多人不怪,说话要客气,场面上的事情自然容易过去。如果说话不礼貌,缺乏基本的教养,必然招致他人厌烦,处处遇挫。

◎幽默沟通让双方情感迅速升温

任何人都喜欢态度随和、谈吐风趣的人,这不仅能让谈话的氛围轻松愉快,也能让彼此的交流变成一种享受。

人人都喜欢听好话,因此一定要根据不同的场合进行恰当地表达,尽量用舒服、好听的方式说话,得到大家的喜爱和认同,从而在交涉中赢得真挚的友情和良好的人际关系。

雪中送炭胜过锦上添花

一个雪中送炭的朋友，胜过十个锦上添花的朋友。有钱时，围在你身边的人不一定是朋友；潦倒时，雪中送炭的朋友要视如亲人。正所谓"患难见真情"，取悦他人最有效的方法就是危难之处显身手。

在对方落难，别人避之唯恐不及的时候，你却向他抛出最及时的一根救命稻草，无疑会给对方最大的帮助。你这样的朋友，将来对方一定会对你另眼相看。

赵凯是一家大公司的一名领导，后来遭遇挫折，陷入了人生低谷。失势以后，昔日的部下和朋友出于各种原因，都离开了，这让赵凯更加迷茫，一度失去了生活的自信，甚至动起了自杀的念头。

这一天，部下李东主动来看望他，还带来了日用品表达慰问。闲聊中，李东不仅关心赵凯现在的生活，还提出下一步行动的建议。这种关爱和劝导让赵凯得到极大安慰，于是他决心坚持下来，并振奋精神，投入到新的工作中去。

后来，赵凯在事业上有了新的起色，并获得了良好发展。为了感谢危难时刻帮助自己的李东，他大力提拔对方，帮助这位下属获得良好的发展。

李东很会与人打交道，他在昔日领导落魄、失势的时候雪中送炭，最大程度上赢得了对方的信赖，突显了为人正直的品质，为双方建立良好关系提供了契机。正是有了最初的"危难时刻显身手"，李东才在后来的发展中占得先机，得到贵人相助。

在与人交涉的过程中，除了口头上的言语，还要有实际行动，二者要紧密配合。赢得他人信任，取悦他人的最好方法，不是锦上添花，而是雪中送炭。在对方渴望得到帮助且希望渺茫的时候，你能够主动出手，更能令人感动。

Chapter 11 取悦
交涉中满足对方心理让你更有影响力

◎ **真心给予帮助，不求回报**

危难时刻显身手时，不要让对方觉得接受你的帮助是一种负担。也就是说，帮助对方要自然得体，不要有刻意为之的嫌疑，在语言上要态度真诚，别表露丝毫的轻视。并且，给予帮助的时候不要期望日后得到回报，这样才能让人看到你的真心实意。

◎ **言行一致，遵守诺言**

帮助落难的人，既要有语言上的关心、问候，也要有行动上的支持。尤其是自己许下的诺言，一定要努力做到。如果无法做到，就不要轻易说出口。否则，会给对方留下华而不实的印象，从而对你的评价大打折扣。

◎ **帮对方排忧解难，度过危机**

对身处困境中的人仅仅有同情之心是不够的，还应该提供具体的帮助，使其渡过难关。这种雪中送炭、分忧解难的行为最易引起对方的感激之情，进而形成友情。在行动之前，要对眼前的困境做好准备，甚至需要做出某些牺牲。对这些，你都要心中有数。

◎ **别轻视怀才不遇的人**

你的朋友当中，有没有怀才不遇的人？如果有，这个朋友就是冷庙。你应该与热庙一样看待，时常去烧烧香，逢年过节适当送一些礼物。通常，对方欠你的人情账越多，还债的心情就越迫切，一旦日后否极泰来，第一要还的人情债当然是你。

与不得势的人交往有很大学问，需要具备独到的眼光，掌握好尺度和分寸。显然，并不是每一个不得势的人都值得交往和帮助。不过，一旦做出决定就要以一颗真诚的助人之心提供帮助，这样才能真正赢得对方信赖，太过功利反而会事与愿违。

这些话千万不要轻易说出口

言为心声，嘴巴是心灵的大门。不合时宜的话说多了，会招人厌烦，甚至伤害他人。对那些手握权柄的人来说，说话更要慎重，正所谓"一言可以兴邦，一言可以丧国"。

形容一个人口无遮拦，人们会说"嘴上缺个把门的"。并非任何一句话都要说出口，有些话说出来不如咽下去。善于沟通的人深知其中的厉害，该说的说，不该说的一定不说。在纷杂繁冗的世界里，为人处处谨慎、事事小心，于人于己都大有裨益。

主管召集五个团队成员开会。约定的时间到了，只来了三个人。主管叹了一口气，说道："唉，该来的没有来！"有个人听了这话觉得很不自在，心想："莫非我是那个不该来的人？"他不禁摇摇头，悄悄地走了。

主管看到又少了一个人，又叹道："唉，不该走的走了！"剩下的两个人听主管这么说，误认为自己应该离开，于是一气之下也走了。结果，只剩下了主管一人。

因为说话不妥当，主管非但没有顺利召开会议，还得罪了人，让前来报道的人也离开了，而这一切原非他的本意。

说话是一门艺术，有时候一句话能让人笑，一句话也能让人跳。所以沟通的时候要明白哪些话能说，哪些话不能说，要管好自己的嘴巴，不要因为说错了话影响良好的人际关系。

一个成熟的人懂得约束自己的嘴巴，他们说话分场合、看对象，说出来的话永远那么得体、优雅，让人听着舒服。不过也有人说话不过脑子，该说的不该说的一股脑儿全倒出来，结果给自己带来诸多麻烦，搞得大家都避之唯恐不及。

◎伤人的话不要说

每个人都有内心柔软的地方，都有最看重的人和事。如果你无视这些东西，在沟通中口无遮拦，就很可能会出口伤人，引起他人的强烈愤慨。

有时候，明知某些话会伤害对方，或者令对方反感，也要努力克制自己，别轻易把话说出口。也许，你是出于好意才这么说，甚至是为了维护对方的利益，但是提前评估对方的接受程度，以及可能作出的反应，很有必要。

◎捕风捉影的话不要说

无论做什么都要有真凭实据，如果你的话捕风捉影，纯属无稽之谈，那是很危险的。尤其是涉及他人隐私的时候，更不能信口开河，胡编乱造。

你说的每句话都可能传到他人耳朵里，甚至添油加醋，与最初的描述大相径庭。因此，有些话不说更好，说出来反而招致不必要的麻烦。至于捕风捉影的话，绝对不要随意说出口，免得天下大乱。

◎**违纪泄密的话不要说**

在任何一个组织内部，都有特定的秘密，涉及错综复杂的人际关系与利益纠葛，甚至关系到公共安全。对于这些秘密内容，每个人都要守口如瓶，不可泄露，否则难免会惹来麻烦。

善于沟通的人懂大局，知晓利害，所以说话办事能够从长远考虑。明知某些话说出来不适合，却管不住嘴巴，这是缺乏自控力的表现。说出去的话就像泼出去的水，收不回来，因此控制好内心，多余的话千万不要说出口，才能在沟通中完美收场。

带给对方愉悦的沟通体验

陀思妥耶夫斯基曾说："唯独具有高尚和最快乐性格的人，才会有感染周围人的快乐。"爱因斯坦也说："真正的快乐是对生活的乐观，对工作的愉快，对事业的兴奋。"无论是作家，还是科学家，都认为只有乐观的人才能用话语感染他人，建立友谊。

有一对孪生兄弟，一个极其悲观，另一个极其乐观。父亲觉得这两种极端心态都对成长不利，于是想改造他们。圣诞夜，他送给悲观的孩子一架自动玩具飞机，在乐观的孩子袜子里放了一些马粪。

第二天早上，父亲问两个孩子收到了什么礼物。悲观的孩子说："别提了，是一架自动飞机，什么动作都可以自己完成，太没意思了。"

乐观的孩子说："爸爸你知道吗？圣诞老人送给我一匹真正的小马，可惜在我睡醒之前跑掉了，只留下了马粪。真是太棒了！"

从上面的故事可以看出，乐观的人任何时候都对生活充满希望，并乐观地面对生活中的坎坷，以不惧一切的姿态对待各种困难。在与人交涉过程中，用乐观的精神传递心中所想所感，能够带给人快乐和希望。

一名记者由于工作原因，总会接触到生活在社会底层的人。每次看到这些人为了生计苦苦挣扎，他都感觉非常压抑，内心充满苦闷。然而在一次偶然的下乡采访中，一位老人的生活态度让这位记者震撼不已，也彻底改变了他对人生的认知。

当时，记者负责一次农村采访任务，借住在一位70多岁的老人家里。老人没有子嗣，一个人独居，但是过得安详而从容，脸上看不到孤独的表情。记者在老人破旧的院落里参观，发现院子一角的厕所围墙上有这样一句话：厕所重地，严禁深呼吸。这很容易让人联想起"库房重地，严禁吸烟"的标语，老人乐观、机智的个性让人印象深刻。

在相处的日子里，记者充分感受到老人积极而又不失幽默的生活态度。采访结束后，记者明白了一个人生道理：无论遇到什么事情，哪种结局并不重要，重要的是你用什么心态看待它。

快乐是一种感觉，不需要任何理由；快乐是一段路程，只要出发就容易触摸到。对每个人来说，最重要的是任何时候都能保持乐观的心境，从而孕育出幸福和希望，收获快乐的人生。在我们身边，那些谈吐风趣的人都有一颗快乐的心，所以他们的脸上总是洋溢着微笑，看不到一丝烦恼。

一个人有一颗快乐的心，乐观面对各种苦难，那么生活依然充满希望。如果整天活在悲天悯人之中，不停地抱怨各种不幸，缺少应对人生的豁达，那么每天的日子都是灰色的。与人交谈之前，先成为一个快乐的人，以乐观、练达的心态处世，自然容易被多姿多彩的生活感动，逐步培养起乐观的品性。

经验表明，只有具备乐观的心态，才能在谈吐中显露出开朗、积极的个性。乐观与丰富的知识、敏捷的思维、丰富的想象力有关，但是从根本上取决于乐观的人生态度。

| 第三辑

掌控沟通关键

你说的每句话,其实都是权力的游戏

Chapter 12

交 流

高段位沟通者善于发掘有价值的情报

自嘲让陌生的心灵变得亲近

谈吐风趣的人，会有好人缘，他的内心是平和的；擅长辛辣讽刺的人，大多口无遮拦，他的个性是耿直的；懂得自嘲的人，有良好的修养，他的精神世界是丰富多彩的。

制造一个场景，让自己成为标靶，然后风趣地戏谑，给他人带来欢乐，这种自嘲式语言能制造轻松和谐的气氛，展示洒脱灵动的个性，并让人见识到你的可爱和人情味。

文学大师林清玄颇具幽默感，并擅长在自嘲中制造欢笑。有一次在大学演讲，他高兴地走上台，忽然听到台下议论纷纷。原来，林清玄是一个长相并不出众的人。此时，他很清楚，学生们在嘲笑自己的外貌，不过他并未计较什么。

做完简短的自我介绍之后，林清玄说："先和大家说一件趣事。有一次，我去一所知名大学演讲，结束之后收到一位漂亮女生的纸条。当她把纸条递过来的时候，还冲我微微一笑。于是，我开心地打开纸条，上面写着一句话：'亲爱的老师，我很喜欢您的演讲，我觉得您就像周星驰喜剧电影中的"火云邪神"。'"

随后，台下响起了一阵欢笑声。接着，同学们都安静地等待演说开始。林清玄又说："看到大家期待的眼神，我就站起来转一圈，让你们看看火云邪神到底长什么样子。"于是，台下再次爆发出热烈的掌声和欢呼声。

经验表明，自嘲是成熟的起点，是一个人勇敢面对内心、真正认识自我的开始。敢于自嘲的人，能坦然接受自己的缺点，知道自己该做什么、不该做什么。在与人相处的时候，他们懂得进退的尺度，并努力保持淡然的态度，所以内心平和而有力。

Chapter 12 交流
高段位沟通者善于发掘有价值的情报

在演讲中，林清玄提到了自己的一次经历："有一次在北京打车，当时我的头发比较长，披在肩上，而且还带着墨镜。刚坐到车上，司机就问：'姑娘，你去哪儿？'我立刻生气了，随手把墨镜摘下来，想让他看个清楚。结果，司机说了一句话，让我更生气了。你们猜，司机说什么了？"

台下的同学都竖起耳朵，想听听这关键的一句话是什么。"司机竟然对我说：'哦哦，不对，看错了，应该是大娘，你这是去哪儿呀？'"林清玄刚说完，台下就哄堂大笑。

林清玄抓住自己外貌的缺点，并且抓住时机进行自嘲，三言两语就把听众逗笑了。大家在欢笑中放松了心情，也深感眼前这位前辈风趣优雅，顿时对其产生了好感。随后，林清玄的演讲得到了学生们的一致好评。

适时适度的自嘲，不失为一种良好的修养，一种充满力量的交际之道。面对竞争对手的时候，自嘲者将自己置于众目睽睽之下，令对手失去了攻击的目标，从而占据优势地位。一番调侃之后，"自嘲"使对手一切可能的嘲笑都丧失了杀伤力，达到了不战而屈人之兵的效果。

在关键时刻，自嘲能充分展示一个人的口才魅力与沟通技巧。它不取笑别人，避免了对他人的伤害。当人们拿自己当调侃对象的时候，也不必担心给他人带来困扰，这正是自嘲的优越性。

当然，用自嘲调节气氛也要把握好"度"。过分拿自己开涮会降低人格，成为大家眼中的笑话。恰如其分的自嘲会展示一个人的谦和，让外界见识他的大智若愚和乐观豁达，这是一种社交智慧。

自嘲需要一种乐观的态度，能坦然正视自己的不足与缺憾。无论是他人攻击，还是自我戏谑，都能以平常心面对，这样的人个性柔韧、内心坚韧，足以承担更大责任，扮演更重要的角色。

别因一无所有而耻于交流

美国钢铁大王曾经说："我想向那些一出生就一无所有的年轻人表

示祝贺,因为你们出生在这样一个令人荣耀的境地,这样的环境必定会促使你们奋发向上。因为只有不断地努力才有机会让你们改变现状,出人头地。"

对一个年轻人而言,他身上肩负的最重的担子恐怕是家族里数不尽的财富,这会让他停滞不前,不再努力。而出生在贫困家庭中的年轻人,身上没有如此重的压力,他们会依靠自己的努力不断拼搏,创造出不可估量的成就。终有一天,他们能站在最优秀的人群中,成为对社会、对国家有用的人才。

只有拼搏过的人才懂得财富来之不易,才会愈加珍惜,他们无愧于所得的荣誉。经验表明,越是出身富贵的人,越是摆脱不了财富的牵绊。他们不懂努力,只会坐吃山空,成为对社会没有任何价值的寄生虫。

1931年1月5日,凯蒙斯·威尔逊诞生于美国南方孟菲斯市西北的一个小城镇里。父亲查尔斯·凯蒙斯·威尔逊曾经在美国海军服役,是一名司炉工和办事员。离开队伍后,他在国民人寿和意外事故保险公司工作,成了一名保险推销员。由于工作认真负责,他在1912年被公司派往奥西奥拉的一个办事处。

威尔逊的母亲多尔·威尔逊出身于孟菲斯市的一个贫困家庭,10岁时就被家人送到一家杂货店打工。当威尔逊出生在这个家庭的时候,夫妻二人似乎看到了一丝生活的希望。他们为儿子取名为小查尔斯·凯蒙斯·威尔逊。可是,原本快乐的生活还没持续多久就被打破。在威尔逊9个月大的时候,老凯蒙斯患上了重病——肌肉萎缩性侧索硬化症。这一不治之症使得他全身的肌肉细胞逐渐萎缩,病痛不断加剧,整个人身心俱疲。1913年10月4日,老凯蒙斯没等到儿子满周岁就去世了。

幸好老凯蒙斯生前有远见,为自己买了一份2000美元的保险,受益人为多尔。这笔钱在当时来说是一笔不小的数目,但是一家没有道德的丧葬用品销售商瞄上了这笔赔偿款。他主动和多尔打交道,利用年轻寡妇的悲痛心情,劝说她为丈夫大办丧事,目的是从中赚取利润。年轻的

Chapter 12 交流
高段位沟通者善于发掘有价值的情报

多尔听信了谗言，为老凯蒙斯举办了一场盛大的丧礼，结果所得的赔偿款所剩无几。

多尔知道自己上当受骗了，但是一切于事无补，她也无心再去追回那笔钱。一个年仅18岁的寡妇带着不满周岁的婴儿，开始为以后的生活打算。她下定决心，无论将来的路多么崎岖，不管自己遭遇多大的磨难，都要将儿子培养成最有建树的人。

多尔带着儿子回到孟菲斯市，回到母亲家里居住。在这段时间里，她领着政府微薄的救济金抚养儿子，但这不是长久之计。她必须走出家门，四处寻找工作，以养活自己和年幼的儿子。几经周折，多尔忍受着周围人的各种嘲讽和唾弃，终于找到一份工作，给一名牙医当助手，每周收取11美元的工资。这份工作多尔干了好几年，直到威尔逊上小学。后来，多尔改行当了簿记员，尽管换了一份工作，但是她一个月的收入从来没有超过125美元。这在当时，是多么艰难的岁月。

虽然生活窘迫，威尔逊却十分懂事。他从不向母亲要零花钱，早早地就学会干活赚钱。经历了常人难以想象的艰辛，威尔逊的事业逐渐有了起色。他经营过爆米花机和弹球机，开过电影院和棋牌室，在吃不饱穿不暖的岁月里，是年幼时的艰辛历练和母亲的爱支撑着他继续坚持下去。终于，在威尔逊33岁的时候，他成为出色的企业家，创下了庞大的事业。

纵观那些世界知名企业家的成长历程，不难发现，他们大多是从一无所有成长到富可敌国。这些人白手起家，依靠自己坚韧的品质和不懈的努力，开辟出一片令人艳羡的事业王国，创下了令世人为之惊叹的成就，从被命运抛弃的人转变成天之骄子。

一无所有是一件可耻的事情吗？答案是否定的。很多人因为贫穷不敢和人交往，不敢正视他人，这样懦弱的性格能有什么成就？贫穷从来都不可怕，它是上苍赐予我们的宝贵财富，让我们深知生活的不易和艰辛，让我们有了血可流、泪绝不能流的坚韧品质，从而敢于面对一切艰难险阻。

正确面对来自外界的批评

听到外界的批评，大多数人会被这样的言论左右。比如，有人指责你"办事速度太慢了"，即便自己工作已经很卖力了，你也会由于这种批评而觉得自己速度很慢。孩子们通常容易根据他人对自己的评价而采取行动，那是因为没有人鼓励他们建立一套自我评估标准。其实，不仅孩子应该建立自我评估标准，成年人也该如此。

每个人都必须拥有一套自我评估的标准，否则极易被他人的评价左右。不幸的是，在日常生活中，人们对来自外界的评价几乎是全盘接受的，这些信息可能来自我们身边最亲近的人，比如父母、老师、朋友等。由于彼此关系亲密，所以人们对这样的信息特别容易接受，而且深信不疑，尽管这些意见可能存在偏差。

梅西是一名德国律师，精通多国语言。二战爆发后，他逃到瑞典首都斯德哥尔摩，为了解决吃饭、住宿问题，他不得不放低身段找工作。

他给当地多家公司投了求职信，说明自己会多国语言的优势，并且信件都是用瑞典文书写，并注明自己想谋得一份进出口公司秘书的工作。梅西本以为凭着专业优势，肯定能找到工作，但是事与愿违，大多数公司回信说，现在是战争时期，暂时不需要这类人才。

虽然是回绝信件，但是各家公司的措辞都比较客气，只有一家公司例外。

这家不友好的公司回复道："你对我们的了解完全错误，并且你的瑞典文写得一塌糊涂，公司根本不需要一个像你这样愚笨的秘书。"梅西看完这封信气急败坏，当下就准备回信与对方辩论一番。

但是，拿起笔的那一刻，梅西犹豫了："我怎么知道这个人说得不对呢？瑞典文又不是我的母语，虽然学习过，也许有些错误一直蒙在鼓里呢？如果真是这样，这恰恰暴露了我的不足。我是不是应该感谢这个直言相对的人呢？"

想到这里，梅西照例写了回信，但是内容与最初的想法完全不同。他在信中表达了自己的谢意，并且为自己搞错对方公司的业务道歉。最后，还表明一定加强瑞典语言的学习。

出乎意料，信寄出去之后，没过几天，梅西就收到了这家公司的邀请函，让他入职。

面对陌生人的尖锐批评，梅西愤怒了，甚至开始仇视对方。但是，他及时转换了心情，调整了情绪。更难能可贵的是，他非但没有将批评放在心上，还反省自己的不足，虚心接受并感谢对方。最终，梅西凭借虔诚的态度收获了一份工作。

人们很容易被周围人的意见影响，当这种观念根深蒂固时，就会习惯接受他人的安排，而失去思考、怀疑的能力。面对外界的批评声，既不盲目听从，也不当做耳旁风，才是最好的选择。正确处理外界的批评声，从来都考验人的智慧。在此，我为大家提供一个练习，希望可以帮助更多的人在心理上走出迷茫、怀疑的沼泽。

首先，想想最近一次不愉快的事，然后回忆当时别人对自己说了些什么；其次，要更明确地专注于当时的情况，检视一下自我声明，看它是否切合实际，学会真诚地面对自己，分析问题，而不是一味地自责；最后，让自己知道事情的真相，将实际情况进行自我报告，而非对实际情况进行臆测。

当别人再三对你说同样的话时，你自然容易信以为真。同样地，如果反复将一种观点说给自己听，那就容易被它征服。很显然，有大格局的人懂得自我控制，从而走出自我束缚的怪圈，否则将会始终沉溺于自责的泥潭中无法自拔。

自我批评可以通过公正、科学的事件分析，让问题得到解决。这是工作中不可缺少的领导力。在职场中，妥善应对外界批评，并能控制好局面，是高情商的表现。

"正话反说"是试探人的良策

许多时候，下属出于各种目的，会迎合上司，隐藏内心的真实想法。因此，领导者在与下属交流的过程中，不要随意透露真实的用意，这样才能认清到下属的本来面目。其中，"正话反说""正事反做"是屡试不爽的良策。

卫嗣君命人装扮成外地人进关去集市，结果遭到管理集市官吏的刁难。那人于是向官吏行贿，送给官吏很多财物，官吏才放过他。

事后，卫嗣君对那个官吏说："某个时候有个外地人到你管理的集市上去，那人送给你很多财物，你因此将那人放走了。"

官吏听了惊慌失措，连忙承认自己的过错，并主动接受惩罚。卫嗣君没有对这个官吏大加斥责，而是若无其事地说出事实真相，这是在平和地表达自己的愤怒。官吏当然明白其中的利害，所以立刻认罪了。

在一个组织里，上下级的关系总是十分微妙的，每个人都会保留一些自己的真实想法。对此，韩非子从管理的角度出发，提出了君主对付臣子的方法：以正话反说试探人心，明辨是非。

既然现实生活中存在各种欺瞒、利用，那么领导者眼中所见、耳中所闻的下属的行为，就可能会与实际情况相反。这个时候，领导者就可以通过正话反说、正事反做的方法加以试探，从而得知下属与自己的想法是否一致。古往今来，机变的权谋者都是运用这种管理手段达到明辨忠奸目的的。

刘晔是魏王曹睿的侍中，言谈举止都迎合曹睿，得到了重用。有一次，一位幕僚对曹睿说："刘晔表面上看起来对您好，但讲话往往不是发自内心，他只是善于窥探陛下的心意，故意迎合罢了。"

曹睿不相信，说："是你顾虑太多了吧。我和他相处这么长时间，早就对他了如指掌了，怎么会看错呢？"

那个人继续说："陛下如果不相信，可以用与心意相反的话问

Chapter 12 交流
高段位沟通者善于发掘有价值的情报

他,他的回答如果和陛下的说法相反,那就说明他的心意与陛下相合;如果每次问话结果都一样,他是怎样的人,应该就再清楚不过了。"

曹睿听完,觉得很有道理,于是依照这一方法去试,果然测出了真相——在许多事情上,刘晔确实在说谎。

在上面的故事中,曹睿听从建议,通过"以假测假"发现下属爱撒谎,认清了对方的真面目。这是一种高明的领导手腕。

在职场上,每一个领导都希望下属对自己忠诚,但这种忠诚应该是一种真实的真诚,而不是一种虚伪的迎合。如何看透真伪、识破假象,往往是一道难题。在此,领导者不妨"正话反说",去试探人心,深入了解一个人。

或许有人会说,唐太宗对下属推心置腹,这种方法才可取。不过,现实世界的复杂,以及利益纠葛的存在,要求领导者必须掌握多种识人术,在以诚待人的同时,不妨掌握一些试探人心的方法,在不动声色之间窥测到真相,更好地扮演领导的角色,而不是任由他人欺瞒,甚至是欺侮。

◎ "正话反说"要不动声色

作为一种统御术,领导者"正话反说"的时候,一定要沉住气,像演员一样若无其事地与下属沟通,即使窥测到了真相也要淡定,避免大发雷霆,不要意气用事。要知道,掌握了真实的情况就是最大的收获。

◎ 识别出真相后要进行惩戒

通过"正话反说",查明了真相,领导者就面临一个问题:如何处置这些说谎的人?有的人给组织带来了巨大损失,要严惩不贷;有的人是习惯性说谎,维护自己的私利,对其要给予警示。总之,对撒谎的人进行惩戒,才能让他们有所收敛,杜绝对上司的欺瞒。

换位思考让你脑洞大开

能够站在对方立场上思考问题的人，往往更容易成功。学会换位思考是如此重要，然而在我们身边，很少有人把它当做一种修养。在交流中，人们习惯蹂躏他人的感情，不留一丝余地，为了强调我方的利益，甚至不惜提高音量。

我们经常听到各种各样的抱怨，因为处理不好人际关系而激化矛盾，甚至反目成仇。大多数人总是产生这样的疑问：他为什么总是那样对我？其实，站在对方的立场上考虑问题，就容易理解眼前的一切了。

站在对方的立场上考虑问题，是理解对方的基本方法。那些固执己见，不能照顾他人感受的人，很难得到大家的认可。习惯抱怨他人处事不周，却很少反思自己的行为，是大多数人的通病。从心理学角度分析，人性的自私是这一切争端的起因。

瑟琳娜在芝加哥一家大型广告公司做设计师助理，然而在近两年里，她过得并不快乐。"整个公司的人似乎都在有意冒犯我，好像每天除了工作便是与同事争吵。"瑟琳娜常常对好友珍妮诉苦，对方无非是劝她忍让一下，凡事别太计较。

一个周末，瑟琳娜与珍妮约定去郊外散心，舒缓一下紧张焦虑的心情。然而，到了约定的时间，珍妮却迟迟没有来。瑟琳娜原本就心情不佳，看到好友迟到不禁变得更加气愤。于是她到附近一家咖啡馆，借用这里的电话打给珍妮。

"你在哪里呀？难道忘记我们的约定了？"瑟琳娜有些怒火中烧。

"哦，亲爱的，十分抱歉，我出门的时候不小心跌伤了。"珍妮感到十分抱歉。

"天哪，严重吗？有没有去医院检查？"瑟琳娜为自己的愤怒感到过意不去。

Chapter 12 交流
高段位沟通者善于发掘有价值的情报

"没什么大问题,医生刚走。"珍妮说。

原来,珍妮害怕瑟琳娜找不到自己,并没有立即去医院,而是回到家,请医生上门检查。同时,等待好友的电话。

瑟琳娜得知真相后感到十分羞愧,急忙赶到珍妮家中,并向她道歉:"对不起,珍妮,我不知道你受了伤,我竟用那样的语气对你说话……"

"没关系,如果我是你,或许也会生气。"珍妮的话让瑟琳娜更为羞愧。

"谢谢你站在我的立场上考虑问题,可我从来没有像你这样做过。"说到这里,瑟琳娜似乎明白了什么。她想起自己与另一位助理艾丽争吵的事情。

当时,瑟琳娜正在整理资料,艾丽递给她一杯咖啡。或许是因为着急,咖啡洒在了资料上,瑟琳娜立刻火了,责怪艾丽添乱。显然,艾丽也很委屈,毕竟自己是一片好心。于是,两个人争吵起来。就这样,瑟琳娜又失去了一个朋友。

"我为什么不能像珍妮一样,从别人的角度考虑问题呢?"瑟琳娜陷入沉思。后来,她在工作中像换了一个人。别人不小心做错事,她选择了原谅,而不是争吵;一旦自己说了过头的话,她会在事后主动向对方道歉。就这样,瑟琳娜变了,她不再是一个难缠的同事,而是成为极具亲和力的朋友。当然,她也越来越享受工作的时光,因为学会换位思考之后,周围的一切都变得那么美好。

瑟琳娜其实并不是一个难缠的人,只因为她从不换位思考,所以把人际关系搞得非常糟糕。久而久之,她就成了大家眼中的"自私鬼""难缠者",没有人喜欢与之交往。一旦正常的人际关系出了问题,人们就禁锢在自己的小圈子里,自然变得闷闷不乐。

很多事情只要换个角度去处理,就会变得轻而易举。比如,看到他人陷入困境,你就应扪心自问:"如果我处在他的位置,会有何感受,有什么反应?"习惯了换位思考,能够做到设身处地为别人着想,就容易妥善处理复杂的人际关系，省去很多烦恼。久而久之，不但原来的抱怨声消失了，还会赢得别人的尊重。

心有多大，舞台就有多大。尝试换个立场上考虑问题，站在别人的立场上思考，你会发现天地变大了，心情也豁然开朗。更重要的是，你开始懂得付出，并赢得外界的尊重，生命里只剩下快乐、轻松。

如何做到换位思考呢？除了站在对方的角度考虑问题，还要去"理解"他人的想法和感受。从对方的立场来看问题，以别人的心境来感受这个世界，从而真正完成"移情"的过程。此外，做任何事情都要真诚，你要发自内心地替别人着想，就好像为自己考虑一样。

无端揣测等于主观臆造消息

在交流中，猜疑心重的人喜欢揣测别人的想法，而一旦掉入猜疑心理的漩涡，必会神经过敏，事事捕风捉影，对他人失去信任，对自己也妄自菲薄。以这样的心境生活，容易伤害正常的人际关系，也影响个人身体健康。此外，无端揣测还会将个人自尊丢失，因为你会在猜忌他人中做出有伤大雅的行为。

生活中，一些猜疑心重的人大多表现得忧心忡忡，眼神游离，对周遭一切都保持一定距离，并且还在背后说他人的坏话。这必然会损害他们的社会形象，遭到他人的排斥，进而影响其工作和生活。

威廉大学毕业之后到一家外贸公司上班，公司刚成立不久，组建了一个四人团队，负责跟进某个供应商。由于是和遥远的泰国供应商合作，所以四人团队中有一个泰国人，名叫麦克。

起初，威廉和大家每天忙得焦头烂额，不断地做社会调查，搜集对方的各种资料，做市场评估，目的是在谈判中降低价格。四人之中有一位前辈，信心十足地说，降价30%应该没有问题，还列举往年的经验，说得头头是道。

Chapter 12 交流
高段位沟通者善于发掘有价值的情报

一天早晨，威廉一觉醒来，收到麦克的邮件——已经和供应商谈好了，降价5%。当时，其他人几乎崩溃了，然而麦克却说，这是供应商可以接受的最高降价空间。

之后，威廉和另外两个同事对麦克充满猜忌，揣测他中饱私囊，做了黑幕交易，否则价格怎么只降了5%呢？在以后的日子里，威廉一直对麦克心存芥蒂。

半年后的一次培训中，威廉碰到了那位供应商代表。两个人聊天，对方说："你们公司的麦克真是个狠角色啊！本来，公司没有给出任何降价的空间，可是麦克足足在我们工厂待了两个星期，帮忙重置了生产线，优化了产能。最后，我方才给了你们5%的优惠。"

威廉听完无地自容，非常惭愧。因为自己的胡乱揣测，冤枉了一个优秀的同事，也让自己失去了向伙伴学习的机会。

自己无端揣测他人，一旦被证明是错误的，就好像被打了一个耳光。许多事情不是表面上看起来那么简单，世界之大，人心之复杂，超出了人们的想象。你可以怀疑一切，但是不能把这种揣测当定论，影响自己的判断和决策。否则，在揣测心理与情绪的影响下，你会走向迷途。

揣测心理是单方面看待一个人、一件事，不科学，也缺乏充分的理由。由于各种条件的限制，人们只能看到冰山一角，就如盲人摸象，无法看到事情的全貌。这是一种褊狭、自私的认知，会让你失去公允的判断。

在揣测心理的影响下，人在情绪上会变得傲慢，形成特定的偏见。如果对方是一个非理性的人，你又怎能期待他正确、理性地做事呢？

妄加揣测，对他人是一种不尊重。一旦在这种情绪中失去理性，不仅会失去智慧，也会丢掉尊严。面对无法理解的事情要调查、研究，尽量做到不猜测，不乱评论。抛弃揣测的心理，系统地看待事物，既是尊重他人，也是尊重自己。

抱怨会影响下属的工作情绪

管理中有这样一种观点：员工不应该把情绪带进公司，因为工作场所是一个专业的地方，不应该"感情用事"。而实现这一目标的前提就是，领导者在日常交流中要停止抱怨和责备，不感染下属，然后才能帮助下属建立积极稳定的工作情绪。

企业领导者每天都会做出很多决定，但是正确的决策往往只占七成；同样的道理，再优秀的员工在日常工作中也不能保证不出一丝差错。面对这种情况，领导者要避免一味地抱怨和责备。

楚庄王作为春秋五霸之一，能够在众多诸侯国中脱颖而出，是与他宽厚地对待下属、既往不咎的用人才能分不开的。

有一次，楚庄王大摆宴席，邀请文武大臣参加。宴席上，楚庄王一时兴起，让自己宠幸的爱姬为大家敬酒。忽然，一阵大风袭来，把宴会上的蜡烛吹灭了，整个屋子一片昏暗，人群中一阵骚动。

突然，这位爱姬感到一只大手抓住自己的胳膊，往自己身上摸。她恼羞之余抓到对方的盔缨，然后走到楚庄王身边，诉说其中原委，并哭着要求惩罚失礼者。哪知道楚庄王思索片刻，下令不要点燃蜡烛，并且让武将都把盔缨折断。

第二天，爱姬还嗔怪楚庄王没有为自己出气，楚庄王却毫不在意地说："酒后失礼，怎么能怪罪呢？这件事就不要再提了。"几年后，楚庄王在一次战斗中被困，一员大将异常勇猛，带领大家突围。楚庄王论功行赏时，这位将军却跪倒谢罪，原来他就是宴会上冒犯楚庄王爱姬的人。

楚庄王并没有抱怨下属对自己的冒犯，更没有怪罪对方，这赢得了下属的感激和忠心。在企业管理中，建立严格的制度是必要的，但是作为管理，它又是一门艺术，特别是在用人方面，更讲求对下属心理的把握。这时，不过度抱怨和责备，以免影响大家的工作情绪，就显得非常必要了。

Chapter 12 交流
高段位沟通者善于发掘有价值的情报

著名的"霍桑试验"表明，员工的工作效率很大程度上与团体内部的情绪有关。所以，让组织环境充满好"情绪"，激发员工潜能，这是许多领导者孜孜以求的事情。但是，一些领导者却做着降低管理效率的事情，抱怨和责备导致一些员工离职，在现实生活中屡见不鲜。

孔子曰："成事不说，遂事不谏，既往不咎。"意思是，已成的事，就不述说；结束的事情，就不劝谏；过去的事情，就不怪罪。在员工心目中，上司抱怨是没有信心的表现：领导者都对工作垂头丧气，我还留在这里干什么呢？很显然，即使许多人留下来，大家的工作热情也早已荡然无存。恐怕这也不是领导者乐见的事情。

◎ **坚持点到为止的训导原则**

在团队管理中，要坚持点到为止的原则，明确双方的权责，如果领导人抓住下属的失误不放，一味地抱怨、不停地怪罪，就很容易失去人心，导致企业损失更多的时间和金钱。

◎ **让你的管理具有正能量**

丢掉抱怨和责备的管理习惯，大力提升员工的精神待遇，有助于提高工作效率、增强团队凝聚力。领导者要增强管理的正能量，提升团队执行力与公司效益。

Chapter 13

说 服

不要说你想说的,说对方想听的

世界上没有不能被说服的人

　　如果你想说服别人,就别把注意力放在口头较量上,而应该从心理层面入手,找到俘获人心的良策。心理上的博弈,采取强攻很难奏效,进行循序渐进的心理围攻更容易成功。

　　这一天,邵丹走在商业街上,突然有个女孩儿走过来,说道:"美容院开业优惠,您可以免费体验一次经络按摩。"既然是免费体验,索性尝试一下,于是邵丹跟随这个小姑娘走进店里。

　　免费体验开始了,美容流程与其他美容院大同小异,但是总体感觉不错。体验快要结束的时候,美容师拿出一张价目单和业务介绍表,邵丹与美容师的心理博弈正式开始。

　　第一回合:美容师不停地介绍优惠套餐,推销的话语明显经过专业训练,让你插不上话,更无法拒绝。所以,邵丹并没有直接否定对方的推荐,而是声明自己是另外一家美容院的会员,对方还赠送了一疗程的面部美容。随后,她表示用完之后再来光顾这里。然而,美容师并没有放弃,始终强调自己的优势与特色。

　　第二回合:美容师到另一个房间洗手,然后又返回来。接着,她继续对邵丹说:"您的皮肤很好,如果使用我们的产品,一定会成为这里的模范顾客。刚才,我遇到经理了,她决定给您一个八折特惠。"虽然费劲口舌,美容师依然没能打动邵丹。

　　第三回合:美容院经理来了,她的目的很明确,准备一举拿下邵丹。"亲爱的,体验了我们家的美容产品,感觉如何?"经理刚说了一句话,邵丹就顺势看看手表说:"产品很不错!但是时间不早了,快帮我把面膜摘下来,我约好见人了。"

　　至此,经理也沉不住气了:"那您选一个套餐吧,这次活动只有两

Chapter13 说服
不要说你想说的，说对方想听的

天时间，昨天就有100多人加了会员，机会真的很难得！"邵丹继续坚持原来的态度："我今天肯定办不了，因为手上有很多家的美容卡，等我用完了肯定过来捧场……"

话说到这里，明显没有成交的可能了。谁知经理随口说了一句："您的皮肤真的很棒，如果今天选一个套餐，我们决定让您做美容院的形象大使。"这句话一下子击中了邵丹的心，想到自己的照片在这个商业街让人驻足，她感到由衷地兴奋。随后，邵丹答应了经理的提议。

任何人都有特定的心理需求，或在心灵深处有致命的弱点。在说服别人的过程中，只要满足对方的心理预期，把握住这些关键，就能打动对方，实现预期目标。

说服他人是一个心理博弈的过程，唯有抓住对方的心理弱点，挑对方最在意的东西，各个击破，让对方不知不觉地跟着你的思路走，你才能掌握主动权。

世界上没有不能被说服的人，只要你肯花心思研究对方，并针对具体情境采用灵活的沟通策略，就能一步步走进对方的内心，实现预期目标。

有的放矢是劝诫的关键

劝谏以攻心为上，首先要知其心。欲知其心，就要设身处地从劝谏对象的角度思考问题，摸清他最大的愿望、顾虑等等，找准了这些才能有的放矢地实施攻心术。否则就可能会隔靴搔痒，劳而无功，甚至适得其反。

韩非子认为，只有对君主有比较深入和透彻的了解，使自己的进言适应君主的心思，才能使君主接受自己的意见。这一观点与孙子的"知己知彼，百战不殆"有很大的相似之处，只不过一个是应用于政治，一个是应用于军事，但他们都强调事先要了解对方，只有了解了对方，找准了目标，才能调整自己的策略，有的放矢，进而达到目的。

战国时期，秦国趁赵惠文王病死之机举兵攻赵。赵国于是向齐国求救，齐国提出要赵太后的小儿子长安君做人质才能出兵。长安君是赵太后最宠爱的儿子，赵太后不愿意这样做。大臣们都极力劝谏，太后态度坚决地告诉左右说："如果再有人来劝说，我一定当面唾他的脸。"

此时，左师触龙说想见太后，见面后赵太后很生气地瞪着他。触龙慢慢地走过去，通过唠家常的方式，使太后在感情上减少了抵触情绪。然后说在自己死之前，把自己十五岁的小儿子托付给太后，让他到太后身边做侍卫，表明自己爱护子女的态度，由此引出太后爱长安君不如爱燕后的看法。

触龙示之以害，言之以利，说现在长安君地位虽高、俸禄虽厚，但却未建功业，如此轻则祸及己身，重则累及子孙，最终，使赵太后明白"父母爱子女当为之计深远"。赵太后明白了自己的错误后，亲自为长安君准备了百辆车子，送他到齐国去做了人质。齐国遂发兵救赵，解了赵国之围。

触龙采用循序渐进的劝谏方法，一举击中赵太后的症结，从而有的放矢地进行劝谏。这种方法在今天看来仍然十分高明，值得后人借鉴。

《韩非子·外储说左上·说二》有言："夫新砥砺杀矢，彀弩而射，虽冥而妄发，其端未尝不中秋毫也，然而莫能复其处，不可谓善射，无常仪的也。"意思是，用刚刚磨制好的杀矢，张满弓箭来射，即使是闭上眼睛胡乱发射，也未必不能射中细发秋毫的目标，然而让他重复地射同一目标，则不能做到了，这不能说是善于射箭，因为他并没有固定目标。

比如，团队领导者在与属下沟通时，有的放矢才是关键。了解下属所想与所需，攻取其心，往往能够事半功倍，沟通到位。如若无的放矢，不仅不能达到沟通的效果，还会事与愿违，产生不必要的麻烦。

同理，朋友有了烦恼向你倾诉，你首先要了解对方的烦恼到底因何而起，同时要针对朋友的性格和品性采取适当的办法进行开导，这样才是行之有效的办法。

一次成功的说服，唯有与对方以心交心，打开其心扉，摸清其内心的愿望和需求，并予以适当的满足，才可能令人信服。为此，你需要具有敏锐的思维，精准的眼光，多角度的分析和诚恳亲切的态度，找准目标，直指人心。此外，还要注意把握时机，采用合适的方式与语气。只要在这些方面驾轻就熟，自然能够打动对方，说服对方。

不能忽视听众的立场

　　心理学家认为，信任在人际沟通中有至关重要的作用。因为只有获得对方足够的信任，对方才会相信你的话。在沟通过程中，最忌讳自问自答，忽视对方的立场和感受。

　　反过来说，如果你采用自问自答的说话方式，一定要抓住听众的心理，重视他们的利益和立场。在这一前提下发表观点，阐述主张，才会引起听众的注意，吸引大家的目光。

　　一家电器公司安排工作人员到户推销产品。一名推销员来到第一家，正好赶上女主人在洗衣服。推销员打量了一下转动的洗衣机，随口说道："您这台洗衣机已经用了好几年了吧？这么旧的洗衣机非常浪费时间，赶紧换台新的吧！"

　　话音刚落，女主人便怒气冲冲地说："你在说什么啊！这台洗衣机用了六年，一次故障都没有。请不要乱讲话，你推销的洗衣机也不见得有多好！"推销员成了不受欢迎的人，只好离开了。

　　过了一周，又来了一名推销员，恰巧碰到女主人又在洗衣服。推销员观察一番后，对女主人说："您现在使用的这台洗衣机让人十分怀念，它看起来结实耐用，一定帮了您很多忙。"

　　女主人听了这话心里美滋滋的，说："是啊，我已经用了六年，它确实帮了我很多忙。但它确实有些旧了，一些性能已经落伍了，是时候换一台新的了。"于是，这名推销员成功地卖出了一台洗衣机。

　　第一位推销员之所以失败，是因为忽略了女主人对那台洗衣机的喜爱之情，说了一些贬低它的话，结果引起对方的反感和厌恶。而第二位推销员把握住女主人的心理，对这台洗衣机进行一番赞美后再展开推销，因为站在了女主人的立场上想问题，从而推销成功。由此可见，说话一定要考虑听者的感受，一味地自问自答只会引起对方的反感。

听众有不同的心理诉求，也会产生不同的情绪变化，读懂听众并不容易。为此，可以从以下几个方面入手，准确把握听众的需求，满足他们的心理。

◎谈话内容必须符合听众的诉求

观察并了解听众的心理，尽量做到说话内容与交谈场景、听众利益以及听众情感一致。正所谓"遇到什么样的人说什么样的话"，特定的话要针对特定的听众。倘若谈话内容与所处场景相悖，只会让双方感到尴尬。而忽视听众利益，会让对方感到自身利益被侵犯；忽视听众情感，显然无法走进对方的内心，无法令其获得应有的尊重。

◎了解听众的阶层，说正确的话

不同的听众所在的阶层不同，其年龄、性别、社会地位等千差万别，对事物也会有不同的看法和感受。因为每个人的价值观不同，态度也就不同。因此，在沟通之前一定要分析对方所在的阶层，然后找到合适的切入点，避免说错话让彼此陷入尴尬的境地。

无法说服他人，是因为交谈之前没有仔细研究对方，没能采用合适的表达方式。如同粗心大意的医生，还没有完全了解患者的病情就胡乱开药，这样做当然会出各种乱子。准确把握听众的立场，然后做好讲话策略，就容易取得事半功倍的效果。

请放弃严肃空洞的说教

面对理性、枯燥的说教，大多数人都不屑一顾，甚至感到厌烦。这时，不妨借用幽默话术劝说对方，在诙谐风趣中阐释道理，这样更容易让听者接受。

幽默可以让人放松心情，用幽默面对他人，可以让你们走得更近，并能填平彼此之间的鸿沟。经验表明，幽默的语言能增强吸引力、感染力，

Chapter13 说服
不要说你想说的，说对方想听的

在不着痕迹的情况下打动人心、拉近彼此的距离。

有一个人得了急性盲肠炎，需要马上做手术。但是他生性怕痛，不敢进手术室，并且对劝说的人大发脾气。

最后，病情实在危急，家人不得不把他送到急诊室。他大吵大嚷，还质问医生："既然上帝把盲肠放在我的肚子里，那就一定有它的道理！"

主治医生非常机敏，巧妙回答道："没错。上帝之所以把盲肠放在你的肚子里，就是为了让我把它取出来。"大家瞬间被医生的话逗笑了，病人也转怒为喜，欣然接受了手术。

病人承受着巨大的痛苦，内心已经很烦躁了，这个时候，如果还对他讲什么道理，肯定会碰壁。医生用幽默的话与病人沟通，安抚病人的情绪，顺利促成了手术。可见，一句小小的幽默，远远胜过那些枯燥的大道理。

幽默虽然能令人发笑，但笑并不是目的。人们之间的交往，贵在心灵上的沟通。如果想弹奏出心灵上的共鸣曲，就需要借助幽默的语言。

幽默的沟通方式容易被人接受，还能帮你说出平时不敢或者不方便说出的话。比如，有些道理，有些情况，不便直截了当地反映给上级领导，不妨使用点小幽默。

一家企业根据员工的住房情况，对每个人给予了合理的补偿。唯独赵先生例外，他们全家住在年久失修的房子里，碰上阴雨天就要遭殃。他向领导反映了几次，结果都石沉大海，杳无音信。

这天，企业领导下基层视察，慰问员工。领导问赵先生："最近公司补偿员工住房，你家的房子还漏雨吗？"赵先生乘此机会说道："还行，也不是天天漏，只是在下雨天才漏雨。"

赵先生说完，在场的人都笑了。领导低头笑了笑，虽然没有说话，但是明白了一切。不久，企业就派专人将赵先生家的房子重新整修了一下，彻底解决了原来的老大难问题。

赵先生多次运用理性、直接的方式，向企业投诉自己家的房子漏雨，但是始终未能得到补偿。这次碰到合适的机会，他采用幽默的说话方式，没有了原来的生硬，反而更添一分俏皮和亲近。结果，问题很快得到解决，这便是幽默的力量。

含蓄简洁的幽默饱含智慧，简短的几句话，甚至是几个字，就能令人解颐、畅怀、回味。以幽默的方式表情达意，是最高明的问题化解之道，也是有效沟通的一个重要途径。生活中不能缺少幽默，因为它在许多时候超越了大道理，发挥着不可替代的作用。

说服他人的时候，你需要把别人的态度从否定变成肯定，请放弃严肃空洞的说教。为了实现这个目标，可以借用幽默的语言表达技巧，它具有强大的说服效果，几乎是一种最有效的处方。

沟通中不与人发生无谓的冲突

在沟通中，当我们与对方发生矛盾时会心生愤怒，如果你不知道如何处理这种愤怒，自然会发泄到周围的人身上，给他人带来痛苦。因愤怒而失控的后果是，既伤害他人，也让自己陷入被动。

如果无法杜绝发怒，那么起码要尝试着减少发怒的频率，坚决不能放纵自己。不与他人发生无谓的冲突，能从根源上减少发怒的次数。

有一次，美国总统杜鲁门会见麦克阿瑟，后者是一位十分傲慢的将军。在交谈过程中，麦克阿瑟拿出烟斗，装上烟丝，然后叼起烟斗，取出火柴。

划燃火柴之前，麦克阿瑟停顿了一下，转过头看着杜鲁门，问道："我喜欢抽烟，你不会介意吧？"很明显，这不是真心征求意见。明明已经做好了抽烟的准备，却征询对方的意见，自然令人恼火。

这时，杜鲁门如果说"介意"，就会显得粗鲁和霸道。尽管被麦克阿瑟缺乏礼貌的傲慢言行弄得有些恼火，但是杜鲁门还是一忍再忍，避免与对方发生无谓的冲突。

只见杜鲁门狠狠地盯着麦克阿瑟，略带自嘲地说："抽吧，将军，今天你喷到我脸上的烟雾，要比喷在任何一个美国人脸上的烟雾都多。"

身为领导者，必须有足够的涵养与情绪掌控能力。杜鲁门虽然不满麦克阿瑟当众抽烟的举动，但是为了减少分歧和矛盾，他选择了忍让，控制了怒火，以自嘲的方式维护了交谈的场面。

不能控制愤怒的人，处处与人发生矛盾，注定会把局面搞砸，无助于维持友善的关系。虽然内心不满，但是为了减少因发怒而愈发不可收拾的糟糕局面，你必须练习避免与人发生冲突的情绪掌控力。

在说服他人的过程中，难免与对方产生争执，甚至爆发冲突。这时，怎样才能控制自己的情绪，避免情况继续恶化呢？

◎ 纠正认识上的误区

一些不理性的思维会影响人的判断和分析，令人头脑中的映像变得模糊，从而对别人发怒。最常见的误区是主观意识强烈，习惯用自己的尺子衡量别人的行为。发生了一件事，便自以为是地认定一个原因，而不考虑实际情况，并为此大动肝火，这是许多人情绪失控的常见表现。

◎ 学会倾听对方的心声

倾听不只是听对方说话，还要从肢体动作等细节入手，了解对方的真实意图。比如，看着对方的眼睛，留意点头、摇头等动作，有助于掌握正确的信息，减少误解和分歧。比如，对迟到的人别急于指责，无谓地争吵毫无意义，只会把事情搞砸。给对方一个解释的机会，或许结果就会完全不同。

◎ 温婉地提出批评

如果习惯说"你就这样了""没救了"之类的话，没有人会和颜悦色地对待你。即使提出批评，也要给对方一些建设性的意见，令其感受到你的诚意与友善，这样自然能消除对方的敌意。

在说服别人的过程中，用理解的眼光看待别人，掌握每个人的心理特征，提升自己的共情能力，自然能够减少矛盾和误解，增进理解和信任。

最大的痛苦是不被人信任

信任是一种关系，能产生巨大的价值，在当代社会是一种无形财产。

研究表明，人际关系中信任的经验是由个人价值观、魅力、态度、情绪等交互作用的结果。

说服他人的时候，被信任是一种幸福。当别人相信你的时候，哪怕是再小的事情，你都会认真对待。而当你被别人怀疑时，内心会有挫败感，失去行动的热情，甚至产生不自信。

每天和不同的人打交道，如何赢得对方信任，而不是被对方猜忌，确实考验一个人的智慧。那些不被信任的人，无法赢得合作机会，无法实现个人价值，会情绪低落，甚至自暴自弃。当你不被信任时，需要查找原因，而非纠结于无关紧要的事，甚至猜忌对方居心叵测。

美国南北战争期间，南方种植园主拥有很多黑人奴隶，他们从事着残酷的贩卖黑人贸易。有一次，从美国南部驶往英国的邮轮上有一个黑人男孩，他名叫罗恩，聪明伶俐，深受老船长喜爱。

这天夜里，轮船在浩瀚无边的大西洋上航行，罗恩正在船尾做杂工，不小心跌进了大海里。罗恩大声呼喊着救命，可惜根本没有人听到。轮船继续前进，罗恩只能拼命地一边追赶，一边喊救命。

很快，罗恩用完了力气，冰冷的海水简直快让他窒息了。他感觉自己马上就要沉下去了，不禁想起了老船长。他坚信，拥有高尚品格的老船长一定会发现自己不见了，然后来解救自己。想到这里，他又燃起了活下去的希望。

果然，老船长发现罗恩不见了，断定这个孩子掉进了海里，于是下令掉头回去救人。水手们非常不理解："已经过了这么久，海水寒冷刺骨，估计人早就死了。"

老船长听完犹豫了一下，最终还是决定回去找人。也有人质疑，为了救一个黑奴，这样做值得吗？船长被激怒了，大喊："你们都闭嘴！"

罗恩继续在海上游，终于在即将沉没之前被救起来。过了好久，看到罗恩醒过来，老船长问："孩子，你为什么能坚持这么久呢？"罗恩笑着回答："我知道，您一定会回来救我的！"

老船长听完，瞬间泪流满面："孩子，是你救了我，我为自己那一刻的犹豫感到羞愧。"

在生命紧要关头被信任，这是极大的尊荣。老船长为自己曾经的犹豫感到羞愧，这是一种心灵的救赎。还好，当其他人怀疑罗恩是否活着的时候，老船长坚定了返回营救的决心。如果当初不这么做，老船长可能要后悔一辈子。

苦口婆心地劝说对方，却得不到信任，这是一种痛苦。信任像一缕清风，能够吹散心灵的阴霾；信任像一条纽带，能够拉近彼此之间的距离。

由此看来，相信别人是一种智慧，猜忌他人无助于良好关系的建立。而当你不被信任时，一定要反思问题出在哪里，如何重建信任，以便尽快摆脱失信于人的尴尬和失落。

获得他人的信任，首先要对人真诚，真实地表达自己，抛弃猜忌心理。此外，有责任心，做事勇于负责，也容易成为值得信任的人。

没有人愿意被命令

没有人愿意被命令，这是一种普遍的心理。那么，如何有效劝解他人呢？法国著名的演讲家海因·雷至麦曾说："用幽默的方式说出严肃的真理，比直截了当地提出更能被人接受。"

对此，相信许多人都深有感触。当你看到有人不遵守社会秩序，违反交通规则，或者做出不道德的事情时，怎样才能成功劝导对方，而又不让其厌烦呢？与其横加指责，甚至大吵大闹，不如巧用幽默加以劝导。

马来西亚是世界上有名的公共秩序良好的国家之一。实际上，大多数国家都有严明的交通规则，为什么却并没有像马来西亚那样交通秩序井然呢？也许，从当地的交通安全标语上，我们可以找到答案。

很多国家的交通安全标志都是一些简单的限速牌，并不会引起太多人的注意。而马来西亚却不同，在这里你会看到交通安全提示语：阁下，驾驶汽车，时速不超过30公里，可以饱览本市的美丽景色；超过60公里，请到法院做客；超过80公里，欢迎光顾本市设备最好的急救医院；

上了100公里，祝君安息吧。看到这样具有黑色幽默的标识语，你还敢开车超速吗？

没有人愿意被命令，即便是理所应当的命令。如果能够让人心情愉悦地做事，为什么不采用有趣、有效的劝说方式呢？

中国自古以来就有谏臣一职，就是专门给君王提出意见、指正错误的人。但是，谏臣通常没有好下场，因为天子可不愿意接受别人的批评。不过，优秀的谏臣总是能够恰如其分地给君王提意见，而隐晦劝说是屡试不爽的最佳方法。

秦朝有一名谏臣叫优旃。有一次，秦始皇决定大肆扩建御园，增加一些奇珍异兽，用来射猎游玩。这件事劳民伤财，大臣们明知这样做不对，却没人敢上前阻止。这时，能言善辩的优旃上场了。

他大笑着恭喜秦始皇："得知陛下要扩建御园，豢养奇珍异兽，这真是一个绝妙的主意。有了奇珍异兽，我们就不怕外敌入侵了。即便敌人来了，我们也可以用麋鹿的角顶回去。"秦始皇听了优旃的话哭笑不得，红着脸说："寡人看此事还是暂缓一下吧。"

优旃能成功劝谏秦始皇，得益于他风趣的口才。表面上，优旃是在夸奖秦始皇的做法，而实际上却是在提反对意见。优旃用诙谐的方式告诉秦始皇，这样做根本无益于保卫国土，还会降低国家的战斗力。最后，秦始皇接受了劝谏，皆大欢喜。

培根曾说："交谈时的含蓄和得体，比口若悬河更可贵。"所谓含蓄、得体，就是劝导别人的时候不应让对方失掉面子，不应该破坏现场的气氛，而应在友好、融洽的氛围中互相交换意见，最终达到说服人心的目的。

命令他人是一种生硬的说话方式，没有人喜欢。让你的语言变得柔顺一些，劝服也会变得更容易。对方感受到你的体贴与温情，就会欣然采纳意见，让"忠言"变得"顺耳"。

Chapter 14

谈 判

聪明地妥协,让对手觉得他比你更有力量

在权力最大时说出条件

很多人不会说话，并非知识面窄、表达能力差，而是不善于把握说话的时机，结果总是说错话，在沟通中处于不利地位。谈判的时候，把握好时机尤其重要，要在权力最大的时候说出条件。

双方坐到谈判桌前，显然都是为了获得更大的收益。为此，各方会根据局势判断自己的优势和劣势，进而采取有效的应对措施，在占据优势的时候将利益最大化，而处于劣势的时候则将损失最小化。因此，谈判成功的关键是准确把握时机，并根据时机制定相应的对策。

在谈判中，许多时候会感觉很无助，那往往是因为你在谈判中的权力还不够大，需要忍耐一时，尽量不与对方发生正面冲突。只有避过对方的强势期之后，才能迎来自己的强势期，此时一定要果断站出来，提出自己的条件，将对方一举拿下。

一家超市严格奉行这样的经营宗旨：尽量采购并出售当地的农产品。顾客很喜欢这种做法，当地的农户也因此受益。起初，供应蔬菜的厂商有两家，后来一家供应商转型从事其他行业，超市只能从另一家采购蔬菜。

不久，唯一的一家蔬菜供应商要求涨价，由于坚守当地采购的宗旨，超市只能默默接受对方的条件。这家超市在当地运营着十多家分店，由于供应商垄断了市场，所以它的谈判力已经丧失殆尽。

于是，超市负责人决定与买下第一家供应商的企业谈判，并提议双方合资建立种植大棚，并承诺一半的蔬菜供应超市。丰厚的利润让这家种植企业动了心，于是爽快答应合作。

几个月后，蔬菜大棚建起来了。然后，超市负责人找到原来唯一的供应商，商谈新的合作条件。此时，这家涨价的供应商已经有了竞争对手，超市负责人有了强大的谈判力。最终，超市提出价格降低20%，否则将停止采购蔬菜。没有任何悬念，超市成功地将进货价格恢复到以前的水平。

准确把握谈判时机很重要，超市只有一个供应商的时候，明显处于劣势，只能默默忍受对方涨价。但是，超市负责人没有坐以待毙，而是想办法自救。通过与另一个蔬菜种植大户合作，超市拓展了进货渠道，也占据了价格优势，最后逼迫唯一的供货商降价，成功达成了目标。

谈判讲究实力和局势，而它们是不断变化的。当我方实力逐步强大的时候，会获得谈判优势，拥有话语权，此时说出新的条件，对方往往没有实力应对，唯有乖乖就范。在我方权力最大的时候提出对自己有利的条件，这是谈判的金科玉律。

在谈判桌上，占据优势的时候心生仁慈就是对自己最大的残忍和伤害。把握好谈判时机，一旦掌握谈判主动权务必果断提出有利于我方的条件，绝不能有妇人之仁。

谈判是一场心理战，以实力作为支撑。处于劣势的时候，默默累积实力，悄悄进行战略布局，一旦时机成熟再果断出手，自然容易变被动为主动，让我方在谈判中获得巨大收益。

提升对方的权威能赢得好感

经验表明，给他人授予权威，会让对方产生一种服从感。事实上，你的行动满足了对方受尊重、自我价值实现的需求，而后便会得到一种回馈，即在心理上认同你，甚至接受你的影响。在谈判中赢得信任与好感，进而影响他人的意志，就要主动提升对方的权威度。

当我们想要达成预期目标时，不妨满足对方的自尊心，让他们体会到居高临下的感觉，而后一切都会水到渠成。无论是与人交往，还是想进一步影响他人，都需要给予对方应有的尊重、认同，包括提升其权威度。这种心理层面的满足感，会极大地拉近你与对方的距离。

凯恩在纽约的家几乎处于这座城市的地理中心点上,从家步行一分钟,便能走到一个公园。空闲的时候,他经常带着自家的小狗雷斯来这里散步。那是一头小波士顿斗牛犬,非常听话,从来不伤害人。因为公园里的人很少,所以凯恩从来不给它系狗链或戴口罩。

有一天,当凯恩正在和雷斯嬉戏的时候,一位骑着马的警察将他拦下来。显然,警察迫不及待地要表现自己的权威:"你为什么让狗跑来跑去,还没有给他戴口罩,甚至连狗链也没有?"警察说话的语气非常严厉,凯恩似乎感受到了对方胸腔里的怒火。

"是的,我的确认为这样做不妥,但是我的小狗并不会咬人。"凯恩回答道。

"你这样做是违法的,你知道吗?法律可不管你怎么认为的,据我观察,你的狗是一条猎犬。它可能会在这里咬死松鼠,咬伤小孩子。这次我不追究,但假如下次看到它还没系狗链或是戴口罩,你就去跟法官解释吧。"

凯恩连连点头,应声答应一定照办。可是雷斯并不喜欢戴口罩,喜欢自由自在地玩耍,凯恩也认为戴上口罩是不人道的。因此凯恩决定碰碰运气,把警察的话抛诸脑后,继续带着雷斯在公园里玩耍。但过了没几天,他又碰到了一位警察。

看到警察走过来,凯恩决定不等他开口就先发制人。他说:"警察先生,真不好意思,你当场逮到我了。我有罪,我认罚,没有任何托辞。上个星期就有警察提醒过我,如果再带小狗出来并且不给它戴口罩的话就要接受惩罚。"

警察听了凯恩的话,显然有些愣住了:"好说,好说,我知道在没有人的时候,谁都会带一条可爱的小狗出来玩耍。我能够理解你的心情。"

"是的,但我这样做却违反了法律。"

"像这样的小狗大概没有威胁性吧。"警察开始为凯恩主动开脱。

"不,它可能会咬死松鼠。"凯恩强调潜在的危险性。

"你可能把事情想得太严重了,这样吧,现在你带着小狗跑到另一个地方去,我就当什么都没看见,什么都没发生,这件事就这么算了。"

于是,凯恩带着自己的小狗又躲过了一劫。这件事处理得这么圆满,其实不难理解。那位警察也是人,他想要的就是作为一名重要人物的感觉。当凯恩主动示弱,表现得楚楚可怜,警察的权威感便油然而生:"凯恩的命运似乎就掌握在我的手中,随我任意处置。"

当你站在对方的立场说话时,对方也会考虑你的诉求,所以适当的恭维和奉承也就必不可少了。有的人之所以能把一件棘手的事情在和谐的氛围中处理妥当,就在于他们懂得让对方获得心理满足,在沟通中获取被承认的权威感。

为此,不和对方发生正面交锋才是明智之举。比如,有时候要承认对方说的话没错,错的是自己,并且要爽快、坦白地承认这一点。而当你确实犯错时,更要主动、提早认错,在提升对方权威度的同时减轻其怒气与苛责,这样才能变被动为主动。

与那些爱找茬、喜欢挑刺的人打交道,当自己的处境不利时,也要学会马上示弱,满足对方保持强势心理的需求,把对方要责备自己的话先说出来,令其无话可说,甚至为你开脱。这些都是通过提升他人权威,进而影响其行为的有效方法。

偏见让你丧失基本的判断力

偏见就好像一堵墙,那些带有偏见的人只看到了墙,看不到墙那边的土地、鲜花与河水,而且固执地到处宣扬:"墙那边不可能有花朵和河流!"心性宽厚的人有长远的眼光,通达的智慧,所以及时避免了偏见的危害。在谈判中,摒弃偏见的影响,才能做出正确判断,避免造成不可挽回的损失。

哈兹立特说:"偏见是无知的孩子。"的确如此,人一旦有了偏见,就会失去公正客观的评价，脱离原来的基本事实。而且，整天抱着偏见的人不会有太大的进步，更不会获得成功。生活中的大多数人都或多或少抱有偏见心理，甚至连哈佛大学的校长也不例外。

一对穿着朴素的夫妇专程从外地赶到哈佛大学，他们此行的目的是想见一见这所著名大学的校长。

校长的秘书看到老夫人穿着一套褪色的条纹棉布衣服，而老头则穿着布制的便宜西装，便轻看了对方。秘书问这对夫妇："你们预约了吗？"

这对夫妇有些底气不足，说道："没有预约。"

秘书想早点把他们打发走，接着说："校长全天都很忙。"

"我们可以慢慢地等。"老夫人答道。

随后，秘书就没再理会这对老夫妇，她断定这两个乡下人等得不耐烦了，会自行离开。没想到，几个小时之后，两位老人还静静地坐在那里等候。

无奈之下，秘书只好走进办公室，对校长艾里奥特先生说："有一对老夫妇已经等了几个小时了，您能见他们几分钟吗？"

校长无奈地叹了口气，点头同意了。很明显，他不愿意花几分钟时间见这两个老人。特别是当他看到老人的衣着后，更一度认为老人破坏了会客室的环境。

接着，校长板着脸，傲慢地走到老夫妇面前。老夫人首先开口了："我们的儿子曾在哈佛读了一年书，在这里的日子是他一生中最开心的时光。没想到，一年前他在意外事故中丧生了，所以我们想在校园的某个地方盖一座建筑，来纪念和怀念他。"

听到这里，校长不但没有被打动，反而被激怒了。他粗声粗气地说："夫人！我们不会为任何一个在哈佛读过书并离世的人建雕像。"

"哦，不，不。"老夫人赶紧解释道，"我们并不是说要在哈佛建雕像，而是捐一座建筑。"

校长瞪大眼睛，紧盯着这两个衣着朴素，乃至有些破旧的老人，然后说道:"一座建筑!你们知道一座建筑要花多少钱吗?在哈佛,学校的建筑物价值超过750万美元。"

老夫人听完校长的话沉默了。过了一会儿,她转身对丈夫说:"建一所学校总共就花这么点钱吗?那我们为什么不建一所属于自己的学校呢?"

于是,他们投资建了斯坦福这所世界闻名的大学。

很多时候,我们失败并不是因为技不如人,也不是因为缺乏成功的机会,而是因为我们在心理上默认了一种固定不变或狭隘的看法。正是这种意识让人们觉得某个目标不可能实现、某个做法不被允许,从而在很大程度上锢禁了自己的思想,导致了"偏见"的产生。

在谈判中,戴着有色眼镜看待对手,极容易犯错。特别是当对手诱导你形成错误判断时,你更要打起精神,不因眼光、思维褊狭而出现误判。

偏见之于正见,二者互相伴随,有时候还会纠缠在一起,不容易甄别。摆脱偏见最好的武器是包容。一个偏见较少的人,错误就会少一些,视野就会更大一些,成功的机会也就更多。因此,宽容才是战胜偏见最好的方法。那么,如何拥有一颗宽容的心呢?

对于宽容,可能很难有一个准确的定义,因为它不仅是一种行为,更是一种智慧。不计较就是宽容的一个重要表现。执着于他人的错误,不仅限制自己的思维,而且会阻碍自己迈向成功。忘却也是宽容待人的一个好办法。忘却昨日的纷扰是非,忘却他人对自己的诋毁和侮辱,不用别人的错误惩罚自己,这样才能拥有快乐的心情。

学会公正客观地看待身边的人和事,并免受外界不良情绪的干扰,你才能成为一个持有正见的人,才能赢得外界的尊重。

软磨硬泡能迫使对方妥协

"好事多磨",求人办事,多登几次门,多谈几回话,才能有收获。

求人没有什么不好意思，更不要感觉羞愧，放下架子，增加与人接触的机会，用更多时间阐释自己的态度和需求，对方自然会接纳你。

做任何事都不可能一帆风顺，求人办事更是难上加难。虽然费劲口舌，对方仍然会用各种理由搪塞你、敷衍你，对此你必须有充分的思想准备。遇到困难就退缩，被拒绝就感觉颜面扫地，脸皮薄的人求人办事会遭遇更多坎坷。

许多时候，求人办事是一场心理博弈，韧性十足、坚持到底的人会赢得惊喜与收获。"会哭的孩子有奶吃"，只有不断地哀求，对方才知道你的饥渴，才会因为于心不忍提供帮助。

大学毕业后，曹斌找到了人生第一份工作——做推销员。公司生产菜刀，主要销售对象是家庭主妇，因此他需要到小区里，挨家挨户地推销产品。

没有销售经验，也不擅长与人打交道，曹斌一开始难免有些露怯。一次上门推销，他就吃了闭门羹。当时，房屋的主人通过猫眼看到是一个陌生人，二话不说就将他拒之门外。随后，曹斌厚着脸皮继续敲开各家大门，结果都遭到了拒绝。

第一天从事推销工作就全军覆没，曹斌有些灰心。经过一番挣扎，他硬着头皮继续登门拜访顾客，仍然遭遇了同样的结果。曹斌始终不服输，第三天，他照去不误，第四天、第五天、第六天，一个星期过去了……

终于，有五户人家受不了软磨硬泡，同时也被曹斌的毅力打动，购买了菜刀。从此，他正式开始了推销业务，日后越做越顺，成了公司的销售冠军。

凡事讲究一个"恒"字，水滴则石穿，求人办事也是同样的道理。很多时候，成功都是软磨硬泡熬出来的。"磨"是一种用消极形式争取积极效果的行为，体现了求人帮忙者不达目的誓不罢休的决心和毅力。

没有人会无缘无故地帮助你，求人办事必然会遇到拒绝，关键是你能否有恒心坚持到底。一次又一次的打击，不是每个人都能够承受下来的，只有毫不气馁、持之以恒地坚持，你才能在软磨硬泡中打动人心。也许，这个过程会招人讨厌，但是顽强坚持到最后，多半会令对方的心软化，索性答应你的请求。

"磨人"虽然有效，但是也要适度。首先，软磨硬泡要善于忍耐，有高度自控力。耐心能帮你在一次次被拒之后仍能继续前进，自控力能助你在多次冷嘲热讽之后依然保持良好的心态。

当然，求人并非让你失去自尊，而是说为了达到目的你必须脸皮厚，善于运用软的手段感化对方，促进事态朝着好的方向发展。好比愚公移山，不急于求成，默默付出，终有一天会迎来惊喜。

软磨硬泡是利用人类的情感，通过"磨"的方式消磨对方的耐心。达到一定程度，对方只好做出让步，满足你的请求。

没到紧要关头，别泄露你的底牌

中国人是内敛的，为人处世都比较含蓄。这种不张扬的个性有许多好处，比如可以用更多的时间进行理性思考，能够让思想世界更深入。不张扬，有所保留，让一个人更厚重，这也是谈判人员必备的品质。

在谈判中，各种情势瞬息万变。如何应付对手的试探、恫吓、出牌，需要你综合判断、权衡利弊。遵循既定的谈判策略，同时又灵活变通，就能较好地控制谈判局势。通常，在成交之前，不能随便亮出手里的底牌。

李嘉诚在经营投资过程中，曾经遭遇过无数谈判对手，而在决策的最后一刻，他总能够用对方意料不到的底牌将其彻底击垮，从而稳操胜券。

他指出，做生意的过程既是钱与钱的交易过程，又是心理与心理的斗智过程，就像打牌的人永远不想让对方知道自己的底牌一样，做生意的人，是绝对不会把自己的腰包掏出来让人看的。

实际上，生意人不露底牌不但有利于商业谈判，而且有利于锻炼心性，从而在瞬息万变的商业世界里有备无患，减少失败的风险。

李嘉诚对于任何投资计划都处之泰然，在拍卖地产的现场，在最后关头，他总是竖起自己的"擎天一指"，以一个惊人的价格获得投资的决胜权。在进行企业收购的过程中，他也总是在最后的关键时刻，将对方的决定性股权牢牢地掌握在自己的手里，这就是"永远不让对方知道自己底牌"这一商业奥秘的巨大威力。

在商业活动中，谈判是经常进行的重要"战斗"，良好的谈判技巧，可以为己方争取到最大的利益。谈判时，一般是就商品的价格、数量和等为主要条件来讨价还价，双方都竭力争取对自己更有利的结果。

在生意场上，一个深思熟虑的谈判者在措辞方面既友善又果断，无懈可击。他们极力保证谈判在友好的气氛中进行，为最后实现合作打好基础。

◎一定避免暴露底价

赢得谈判胜利的前提是，避免暴露我方的底价，避免过早地同对方讨论价格问题。为此，不要让客户首先考虑产品的价格，要把他们的注意力引到产品的价值上来。如果一定要谈价格，就要连同价值一并提出，让对方看到他们将会得到的好处，而不是他们所要付出的代价。

◎随时注意对方如何出牌

事实证明，在谈判中不急于表态的人往往是胜利者。在多数谈判中，让步行为和拍板行为都是在谈判快结束时才发生的。因此，双方都希望摸到对方谈判的"底线"，以争取主动，而对自己的"底线"严格保密。因此，你要注意对方出牌的时机，制定好定价的策略。

与人交谈，或多或少都涉及谈判。为此，你要给自己留够底牌，因为牌局随时会中途停止，而对方也随时会出新牌。在这个过程中，千万不要把自己手里所有的牌都亮出来，不到最后时刻，最好不要亮出你手里最有分量的牌。请记住：最后的赢家才是真正的赢家，否则就要吃大亏。

Chapter14 谈判

聪明地妥协，让对手觉得他比你更有力量

打破冷场，提升局面控制能力

谈判是一场马拉松式的战斗，不可能一蹴而就。期间，各种难以预料的突发状况不可避免，很容易让谈判陷入僵局。懂得调节现场气氛，充分展示我方的诚意，有助于弥合分歧，让谈判继续下去，直到达成合作。

1988年，已经卸任的日本前首相中曾根康弘与戈尔巴乔夫举行会谈。当时，两国矛盾重重，美苏争霸还在进行，日本作为美国的忠实跟随者，自然无法赢得戈尔巴乔夫的好感。

谈判气氛一度紧张，戈尔巴乔夫甚至用拳头将桌子砸得砰砰响。他愤怒地说："在日本，居然有人说'今后只要日本持续不断地增强经济力量，苏联便会乖乖地屈服于日本的经济合作'。殊不知，这是痴人说梦，苏联绝不屈服。"

中曾根康弘也不甘示弱，以强硬的口吻回击："尽管如此，两国加深交往也是重要的。阻挠两国关系发展的，正是北方领土问题，而造成这个局面的原因是斯大林错误地向属于北海道的岛屿派遣军队。"

双方剑拔弩张，戈尔巴乔夫气得胡子都竖起来了。随后，中曾根康弘缓和下来，平静地说："我毕业于东京帝国大学法律系，你当年就读于莫斯科大学法律系。我们俩同属法律系毕业生，理应了解国际法、条约和联合声明为何物。国际上都承认日本的主张是正确的。"

戈尔巴乔夫见中曾根康弘转换了语气，开始从法律角度谈判，于是微笑着回答："我当律师不成功，所以才做了政治家。"戈尔巴乔夫幽默地避开了中曾根康弘设置的陷阱，也让紧张的氛围得到了缓解。

谈判现场的局势变化很快，出现冷场或僵局的时候，你要善于运用风趣诙谐的语言转换话题，不再把注意力放在矛盾的焦点上。当然，转移话题需要技巧，也有一定难度。灵活转换话题需要具体问题具体分析，根据当时的环境和交谈对象进行变通。

需要注意的是，转换的新话题最好不要离讨论的主题太远，避免给人以突兀之感。当然，万变不离其宗，话题转换要始终围绕着主旨进行。否则，偏离主题太远，实质性问题无法得到解决，这次谈判就会以失败告终。

戴高帽，让对方无法开口拒绝

为了在谈判中达成特定目标，必须在有求于人的时候主动出击。这时，你要仔细拿捏对方的心理需求与情绪变化，充分运用各种策略，让对方答应你的谈判条件。

会谈判的人能把话说到对方心里去，能够手到擒来，马到成功；不会谈判的人磨破嘴皮、跑断腿，也不会赢得机会。尤其是在准备成交的最后关头，双方都在进行心理博弈，你必须嘴巴甜一点儿，给对方戴一顶高帽子，令其无法开口拒绝。

李丹是一家公司的销售代表，正在与南方的渠道商洽谈业务。这家渠道商的负责人是一位非常注重仪表的男士，于是李丹每次出席洽谈会议时，都十分注意着装，并且总是笑脸相迎，显得端庄大方。

不久，李丹凭借得体的衣着和举止赢得了对方的好感，在众多公司销售代表中脱颖而出，被选中参加进一步的详谈。

在一次酒会上，李丹端着酒杯来到这位负责人身边，得知对方名叫"徐有道"，于是借题发挥，大加赞扬："早就耳闻总经理能力非凡，今日一见，果然非同凡响。贵公司在您的带领下肯定会芝麻开花节节高，正所谓经营有道，岂有不兴旺之理？"

这位负责人听到李丹的一番赞扬，心里自然乐开了花。在后续的合作中，双方谈得顺风顺水。最终，李丹成功地拿下了这笔订单。

莎士比亚说："假定一种美德，如果他没有，最好是假定，并公开地说，对方有你要他发展的美德，给他一个好名誉去实现，他便会尽力去做，而不愿看你失望。"人的潜能无限，有时候自己都无法察觉，所以人们在得到鼓励之后会按照他人的期望采取行动，无形中帮助赞美者实现了目标。

◎ 微笑着说赞美话，令人看到你的诚意

微笑，不花你一分钱，却可以创造巨大的财富。心理学研究表明，微笑是全世界的通行证，它可以建立人与人之间的好感。谈判过程中最需要赢得对方的认同，因此要首先展露笑容，这样一来不管你提出什么要求，对方都会认真聆听。得到诉说的机会，你就成功了一大半。

◎ 找对话题，然后给对方戴高帽

好的话题是一种心理共识，可以将你与谈判对手的距离从天边拉到眼前。通常，关于谈判对手的经历、爱好、业绩，都是非常不错的开场话题。只要你不吝赞美，并由衷地表达敬意，很容易赢得对方的好感，并令其放下戒备，打开心扉。

◎ 戴高帽要适可而止，不要过犹不及

戴高帽不宜过高过大，否则容易给人以虚假的感觉，遭人嫌弃。表达赞美，说一些恭维的话，需要在客观事实的基础上临场发挥。抓住对方的一个优点、成就，适当夸大，让人听起来不觉得虚假。

中国人讲究谦逊友好，这其实就是给人戴高帽的基础。人的内心不排斥对自己示好的行为，也对自己或多或少有些自信。在谈判过程中，主动激发他人的自尊、自信情绪，容易获得认同，赢得合作机会。

Chapter 15

辩 论

关键时刻说对话,在残酷的对抗中脱颖而出

别因争辩忘了说话的目的

在日常交流中，说话可以随便一些，天南海北都可以聊，显得自由随性，但是，谈判是正式场合的沟通和交流，从现场气氛到说话方式都要求正规、严谨。更重要的是，谈判有更强的目的性，双方是为了达成特定的目标而坐下来对话。

因此，谈判从一开始就有强烈的设计感，每一次提问，每一个回答，都目的明确。然而，许多人因为争辩丧失理智，一冲动起来，甚至会忘记谈判的目的，这是明显的失误。为了争利颐指气使，很容易掉进对方的陷阱，到头来损失更大。由此看来，内心淡定、冷静理智的人更适合从事谈判活动。

柯伦泰是世界上第一位女性大使，精通欧洲11国语言。1923年，她被任命为苏联驻挪威全权贸易代表时，曾经和当地商人有过一次惊心动魄的交锋。

那一次，柯伦泰和挪威商人针对购买挪威鲱鱼进行谈判。当时，挪威商人给出的价格高得离谱，而柯伦泰出价很低。双方开始讨价还价，互不相让。结果，谈判陷入了僵局。

柯伦泰很清楚，这样僵持下去不会有什么结果。于是，她笑了笑，平静地对挪威商人说："如果您坚持这个价格，我国政府肯定不会批准通过。但是，我确实希望与贵方达成交易，那么我只好用自己的工资来支付差价了。不过，我要分期付款，期限可能是一辈子。"

挪威商人听完，知道自己再坚持也无济于事，继续争吵下去也不会有什么结果，于是自动降低价格，双方最终达成了合作。

作为苏联的贸易代表，柯伦泰自然要维护国家的利益。她深知挪威商人的心理，无非就是想多赚点儿钱。看到对方固执己见，柯伦泰幽默

Chapter 15 辩论
关键时刻说对话，在残酷的对抗中脱颖而出

地使用类似无赖的招式，让对方明白这已经是底线，如果想成交必须做出让步。最终，她如愿以偿。

为了避免采用极端的方式解决问题，人们坐到谈判桌前，商讨各方都能接受的条件，寻求合作机会。说到底，谈判是互相妥协的过程。作为谈判代表，万万不可与对方陷入争执，甚至情绪失控，让局面不可收拾。

想要在谈判中左右逢源，始终处于有利的地位，必须把握好对方的心理诉求，以及谈判的进程。谈判高手懂得"进可攻，退可守"，并善于变换沟通策略和说话方式，推进谈判目标的实现，在多方利益的间隙中辗转腾挪，最终达成合作。

巴斯兄弟是美国著名的谈判奇才，二人在1981年想买下即将破产的皮尔公司时，与其进行了激烈的辩论。最后，他们对公司董事说了这样一句话："你们在其他地方或许能找到更好的买主。"

然后，巴斯兄弟将这些公司一一列举出来，说道："如果你们没有其他的选择，就来找我们。"最后，皮尔公司果然选择与巴斯兄弟合作。

巴斯兄弟这一招叫"以退为进"，他们在谈判中时刻保持冷静，即使与对方发生争论也不忘如何达成交易。这种不卑不亢的谈判风格让对手意识到合作是唯一选择，而局势也朝着巴斯兄弟预料的方向发展，最终双方握手言和。

在谈判桌上牢记谈判目标，而后施展沟通技巧与说话艺术，显然更容易达成合作。既然坐下来谈判，就是希望和平解决所有问题，而不是与任何一方产生矛盾。牢记这一点，就能从大局考虑问题，营造轻松活泼的谈判氛围，促使双方互相妥协，最终达成一致意见。

有的人在谈判中能妥善处理各种矛盾，既达成了目标，又让对方满意。在这些人身上有一个共同的特质，那就是牢记谈判的最终目的。这让他们具备了大局观，因此能全面掌控谈判的气氛、进度，最终搞定一切。

争的是理，输的是情

千人有千面，各花入各眼。人们在成长过程中，由于生活环境、所受教育不同，会形成各种各样的人生观、价值观。与他人产生分歧后，人们通常会采用协商、谈判的方式解决。然而，有的人却因为这些分歧闹得不可开交。

争吵的时候，当事人都不会有好脾气，因此容易说出过激的话，做出过激的事，导致无法收场。如果说辩论是一种理性交涉，那么争吵显然是一种情绪化辩论。争的是理，输的是情，伤的是自己。

心理学家研究发现，恋人之所以会将分歧演化为争吵，是因为人们在面对那些对自己有安全感的人的时候，会肆无忌惮地抒发自己的情绪。但是，面对朋友或者陌生人的时候，人们会选择克制。在内心深处，人们有这样的意识：恋人不会离开我，恋人会包容我。

一种观点认为，当两个人热恋的时候总是喃喃细语，这是因为他们深爱着对方，彼此的心靠得很近，即便声音很小也能听清。但是当两个人争吵的时候，两个人的心也离得越来越远，为了填补这段距离，他们不由得提高了声音，仿佛只有这样才能让对方听到。而且他们越是愤怒，心离得越远，争吵的分贝也就越高。

郑洋和周颖是一对情侣，两个人在一起两年多了。生活中，郑洋是一个脾气温和的人，周颖则比较任性、强势。经历了热恋，两个人的感情进入平稳期，他们开始因为一些琐事，以及对方身上的某些缺点产生分歧，少不了争吵。

每次争吵都以郑洋的道歉收场，一方面是因为郑洋的脾气比较温和，不愿意无休止地闹下去；另一方面是因为在争吵的时候，周颖总以"分手"威胁郑洋。恋人之间闹矛盾很常见，但还远远未到分手的地步，所以郑洋选择主动退让。

一开始，郑洋总会乖乖妥协。然而时间久了，他开始对"分手"变

Chapter 15 辩论
关键时刻说说对话，在残酷的对抗中脱颖而出

得麻木，对这两个字也越来越反感。后来，周颖再拿出"分手"这个杀手锏，郑洋已感觉不到有丝毫杀伤力了。

这天，郑洋准备借给姐姐一些钱，而周颖坚决不答应，于是双方再次争吵起来。这段时间，郑洋工作上不顺心，心里憋着一股劲儿，所以争吵中丝毫没有让步的意思。最后，周颖再次使出杀手锏，大声吼道："你愿意借就借，反正你也没打算和我过日子，不如就此分手算了！"

说完之后，周颖收拾东西准备离开。这次，郑洋没有像以往那样拦着，而是冷冷地说："也好，这样的结果对你我来说也许是最好的选择，是一种解脱。"说完之后，他转身离开，留下周颖呆呆地愣在那里。

在内心深处，周颖当然不想分手，这只是她故技重施。然而，郑洋早已身心疲惫，经不起折腾了。这次，他选择了放手，一段感情就此夭折。

情，需要用心呵护；爱，需要用心沟通。恋人之间出现分歧很正常，吵架也不是什么稀奇事，但是过度的争吵势必会影响两个人的感情。当情侣之间出现分歧的时候，两个人大声争吵，互相指责，如果不懂得克制自己，迟早会亲手埋葬这段感情。

仔细观察不难发现，情侣之间的争吵多数是因为一些小事。其实，只要将这些小事说清楚，问题很容易解决。但是，由于两个人不懂得谦让，争吵向着不可控制的方向发展下去，最后都忘了为什么吵架，却演变为争论谁对谁错的战争。这样的争吵非但不利于化解分歧，反而会让两个人的感情在争吵中变得越来越淡。

情侣之间的问题完全可以通过心平气和地沟通来解决，没必要大吵大闹。依靠强势的争吵逼迫对方顺从自己，虽然能换来一时的欣喜，但是问题并没有解决。如果以后遇到类似的情况，战争依然会爆发。

没有不能相守的情，只有不懂珍惜的心；没有不能永恒的爱，只有不知守护的人。与爱的人在一起，不要说气话、过头话。双方是一体的，没有根本的利害冲突，没必要上升到孰是孰非的较量。善于沟通的人会放弃语言的暴力冲击，用友善、敬爱、宽容包容对方，让甜美的恋情继续下去。

用幽默增强论辩中的语言力度

　　语言是战斗的武器,这一点在辩论中体现得十分明显。在辩论过程中,借助幽默能有效增强语言的感染力,提升亲和力,从而赢得主动权。

　　在辩论现场,幽默能让你妙语连珠,钝化对手犀利的攻击,淡化鱼死网破的对抗氛围,让辩论的氛围更温和。

　　有一年,中国作家组织了一次交流会,来自美国的诗人艾伦·金斯伯格给小说家蒋子龙出了一道难题。他说:"蒋先生,把一只五斤重的鸡,装进一个只能装一斤水的瓶子里,您用什么方法把它拿出来呢?"

　　这根本就是一个不可能完成的任务,艾伦·金斯伯格是故意让蒋子龙当众出丑。面对挑衅,蒋子龙显示了机智幽默的一面,他当即回答:"您怎么放进去,我就怎么拿出来。您显然是凭嘴一说就把鸡装进了瓶子,那么,我就用语言这个工具再把鸡取出来。"

　　面对蒋子龙风趣得体的回答,艾伦·金斯伯格哑口无言,原来的桀骜不驯消失了。而台下的人对蒋子龙竖起了大拇指,赞赏有加。

　　蒋子龙给出的方法显然不具备可操作性,但是艾伦·金斯伯格提出的问题显然也是一个不可能完成的任务。此时,如果一板一眼地说明这个问题多么不合理,显然无法令人满意。蒋子龙借用幽默的说话技巧以彼之道还之彼身,瞬间战胜了对手。

　　在辩论中,以谐趣的方式揭开荒唐的外衣,暗示事物的本质,能达到明辨是非的目的。为此,你可以采用生动、夸张的方式把观点说出来,取得预期的幽默效果。比如,辩手运用夸张的表现手法,可以给听众带来身临其境的画面感,从而吸引大家的注意力,在博取眼球的同时掌握辩论的主动权。

　　有的人在辩论中表情严肃、据理力争,一副与对手不共戴天的样子,殊不知,这反而让自己失去了回旋的余地。唇枪舌剑之中插科打诨,说几句幽默的话,能有效增强语言的表达力度,并提升论辩中的亲和力。

Chapter 15 辩论
关键时刻说对话，在残酷的对抗中脱颖而出

缜密机巧的幽默设计令人回味无穷，充分展示了"四两拨千斤"的妙处。

正式场合的辩论大多具有竞赛的性质，比如"国际大专辩论赛"，可谓群英荟萃，在大学生群体中非常流行。

在这种场合，观众除了对辩论的主题感兴趣，更关注辩论选手的语言表达能力和形象展示。显然，观众想从辩论比赛中得到愉悦的体验，以及脑洞大开的感觉。所以，高明的辩手会借助风趣幽默的口才阐释观点，满足观众的心理诉求，取得最佳的辩论效果。

我们在日常生活中与人发生争辩，如果能机智幽默地表达，自然也容易展示非凡的口才魅力，并得到大家的支持和理解。

在辩论中融入幽默，有助于取得特定的辩论效果。需要注意的是，辩论中的幽默不同于滑稽，也不是讽刺和嘲讽，而是一种深明大义——富有情趣的传递思想，并机智灵活地展示做人的风度。

以谬制谬的仿效论辩法

在辩论技巧中，有一种方法屡试不爽，叫做"以谬制谬"。它遵循古代兵书上"以彼之矛攻彼之盾"的逻辑，让对方陷入自我矛盾之中，从而达到不战而屈人之兵的效果。

从思维方式上看，"以谬制谬"是一种仿效策略，令对手无法还击，从而制造出特定的效果，也加深了辩论的感染力。

在中国福建地区，民间流传着一个巧媳妇的故事。一位姓史的老汉积累了不少财产，县太爷想据为己有。为了达到目的，县太爷故意给史老汉出了一道难题，要求他在三天之内送来三头怀孕的公牛，否则财产全部上缴。

这简直是无稽之谈，公牛怎么会怀孕呢？但是史老汉迫于县太爷的淫威，又不敢拒绝，只好硬着头皮答应了。

史老汉把这件事告诉了家人，老伴和儿子听了都不知所措，甚至涕泪横流。只有儿媳妇听完后很冷静，还安慰公公不要着急，自己有办法解决。大家都很疑惑，怀疑儿媳妇在说大话。

两天很快过去了，儿媳妇一直没有动静，史老汉很着急。到了第三天，县太爷坐着轿子来到史家，一进门就厉声问道："史老汉在家吗？我要的东西呢？"

史老汉吓得不敢出屋，儿媳妇昂首挺胸走出来，不慌不忙地说："我公公在家，但是不方便出来。"

县太爷立刻不高兴了："我是堂堂一县之长，史老汉竟然敢不出来迎接？"

儿媳妇故意压低声音说："您小声点儿，我公公正在屋里生小孩呢！"

县太爷听了哈哈大笑："胡说！我从来没听说过男人会生小孩！"

巧儿媳马上接着说："怎么没听说过，您前两天还说公牛也能怀孕呢？"

一句话把县太爷问得哑口无言，只好悻悻地离开了。

公牛怀孕本来就是一件极其荒唐的事情，而巧儿媳用公公生小孩这一同样荒唐的事情来反击县太爷，让对方无话可说，只好放弃原来的要挟条件。用"公公生小孩"仿效"公牛怀孕"，趣味横生，这种以谬制谬的仿效法令对手在辩论中彻底失败。

"以谬制谬"是根据对手的观点提出一个类似的观点，两者在逻辑上具有一致性，因而对手无法对你的观点予以反驳，最后只好当场认输。用对手的谬论打败对手，在戏谑中赢得辩论胜利，是以谬制谬仿效论辩法的精髓。

一个顾客走进饭店，点了面包和烤肉。过了许久，烤肉还没做好，顾客只好先吃了几块面包，然后就坐在烤炉不远的地方睡着了。

当店主把烤肉放到桌子上的时候，顾客睡眼惺忪地说："你在烤肉的时候，我都闻饱了。"这本是一句玩笑话，可是店主却认真起来，端起桌上的烤肉，就直接跟顾客讨要饭钱。

顾客非常诧异，明明还没吃烤肉，为什么要收钱呢？刁蛮的店主给出了理由:"你已经闻饱了肉的香味,就应该付同样的钱。"这分明就是强词夺理。

略一迟疑,顾客就想到了对付店家的方法。他从口袋里掏出一枚硬币,扔在桌子上,然后对店主说:"你听到钱的声音了吗?"店主回答说:"听到了。"

随后,顾客马上收起硬币,对店主说:"你听到了硬币发出的响声,正好能够支付我闻肉味的钱。"店主听完,无言以对。

店主想要点小聪明,贪点小便宜,但是万万没想到,顾客用他的谬论进行反驳。最后,店主有苦难言,不得不狼狈收场。面对他人的无理言论,不妨以谬制谬,这种反驳会让对方没有还击的余地。

此外,"以谬制谬"能让人体验到"错上加错"的效果,显得妙趣横生,丝毫没有剑拔弩张的紧张感,让观众忍俊不禁。而对手步入自设的逻辑陷阱,只能吞下自种的苦果。

只要在辩论中运用得当,以谬制谬的仿效论辩法就能起到一锤定音的效果。运用这一策略的关键是反应迅速,思辨能力强,要准确抓住对方语言逻辑上的漏洞。

反唇相讥式辩论帮你摆脱窘境

生活中,我们难免遇到一些蛮不讲理、恶语相向的人。面对这种人,反唇相讥式辩论可以派上用场。抓住对方语言中的漏洞,或者借用对方的招数进行灵活反击,从而帮自己摆脱窘境,这是"反唇相讥式辩论"的基本技巧。

晏子是齐国的大夫,奉命出使楚国。当时,楚国国力强盛,而齐国则相对弱小。刚到达楚国城门,晏子就遭受了一番羞辱。门卫不让他走大门,让他从城门旁供狗出入的小门进城。

面对这样的侮辱,晏子神色淡然,犀利地回答:"出使狗国的人,才从狗洞入城。现在我出使楚国,不应该从此门进入吧?"听了这话,楚国的人只好让晏子从正门进入。

晏子讲话有礼有节，不卑不亢，"如果楚国让我钻狗洞，那就证明楚国是狗国"，这句话以其人之道还治其人之身，反向羞辱了楚国的狂妄自大。在突发状况下巧言善辩，反唇相讥，是维护个人尊严的有效方法。

在辩论中，及时、机敏的反唇相讥，犹如一道坚固的盾牌，能将对手投射过来的利箭统统挡住。在具体表达过程中，可以借用对方的话语，运用比喻、夸张、反讽等修辞手法，给对方致命一击。

陈丽是文坛初露头角的新锐作家，作品刚上市就赢得了各界好评，销量也一路飙升。同时，这也引来一位男作家的嫉妒。

在一次文学界好友的聚会上，大家向陈丽表示祝贺，称赞她的作品文字优美、意境感人。只有那位男作家一直闷闷不乐，忽然，他穿过人群，走到陈丽面前，大声说道："你的作品的确非常精彩，能否透露一下，究竟是谁替您写的？"

男作家说完，大家都愣住了，欢乐的气氛瞬间凝固。这突如其来的质疑，也让陈丽懵了。片刻沉默之后，陈丽冷静下来，脸上露出谦虚的表情，对男作家说："您能公正恰当地评价我的作品，令我感到十分荣幸，在此向您表示由衷的感激。我也有一个疑问，不知道您能否透露一下，这本书是谁替您读的呢？"

结果，男作家一下子被问住了，顿时羞红了脸，不知所措，匆匆离开了会场。

男作家的用意十分明显，他在故意羞辱陈丽。而陈丽用男作家的套路还击，讽刺对方从来没认真阅读别人的作品，这样的人又有什么资格妄加评论呢？

运用反唇相讥式辩论，需要避免言辞太过犀利，尽量采用含蓄、曲折的语言表达用意。此外，场合不同，反唇相讥的力度和尺度也要有所不同。既有效回击对手的进攻，也不失风度地摆脱窘境，让大家站在你这一边，才是反唇相讥式辩论制胜的王道。

面对他人的恶意攻击，千万要保持镇静。清醒的头脑有助于你找到对方语言上的破绽，从而撕开这个口子，在对方伤口上撒一把盐，给予有力回击。

诡辩术帮你自圆其说

在特殊的场合，在迫不得已的情境下，诡辩术可以帮你自圆其说。虽然"诡辩"有狡猾、不讲理的嫌疑，但是如果想反败为胜，它却是最有效的一招。

狭路相逢勇者胜，为了在辩论中击败对方，敢于厚起脸皮使用诡辩技巧，并不是什么丢人的事情。很多有名的雄辩家都曾用过这个方法，并在关键时刻顺利闯关。

古希腊时期，有的人经常使用诡辩术，把"买东西不付钱"这种小把戏玩弄于股掌之间。

有一个小伙子机智过人，想喝酒口袋里却没钱，于是他径直来到一家酒铺，理直气壮地向店主要了一瓶红酒，并煞有介事地看了看酒瓶后面的说明。

然后，年轻人又把红酒还给店主："给我换一瓶白酒吧。"

店主乐呵呵地换了。不料，小伙子接过白酒，转身就走。

店主慌忙拦住他，说道："先生，你还没付钱呢，不能走。"

小伙子不慌不忙地说："我为什么要付钱？"

店主疑惑地说："你拿走我的白酒，当然要付钱啊！"

小伙子开始诡辩："我不能付钱，这瓶白酒是我用红酒换的。"

店主着急了，大喊："红酒你也没付钱啊！"

结果，小伙子笑了："所以我把红酒退还给你了。反正这瓶白酒是我用红酒换来的。"

店主被说糊涂了，不知道怎么回应，只好眼睁睁地看着年轻人拿走了一瓶白酒。

在上面的故事中，年轻人不付钱就拿走一瓶酒，使用的正是诡辩术。说到底，这是一种欺骗。生活中，借助诡辩占便宜，并不是什么光彩的事，然而用来对付无赖就是绝佳的妙法了。

有时候，为了维护个人形象、团队利益，人们也会使用诡辩强调某个事实不容置疑。对此，英国首相丘吉尔有过一段精彩的论述。

有一位记者问丘吉尔："作为一个政治家，必须具备什么样的才能？"

丘吉尔回答："如果想成为一名出色的政治家，就应该具备预知明天将会发生什么事情的能力。"

记者接着问："如果预知的事情并没有发生呢？"

丘吉尔幽默地回答："如果真的没有发生，就需要这位政治家有自圆其说的本事喽。"

这里的"自圆其说"，其实就是"诡辩"。通过诡辩赢得公众信任，对西方政客来说似乎是一项基本素养。

在诡辩过程中，融入幽默元素可以提升语言的感染力，让听众印象深刻。

在一次国际大专辩论赛中，复旦大学队为了驳斥剑桥队的"温饱决定论"，对裴多菲的一句诗作进行了修改："生命诚可贵，爱情价更高，若为温饱故，两者皆可抛。"

在辩论艾滋病这个主题时，复旦大学队又风趣地说道："如果哪个人被艾滋病爱上，恐怕就是'此恨绵绵无绝期'了。"

借用诗句进行诡辩，不一定有道理，却能在语言的气势和气氛调动上先声夺人，牢牢掌握话语权。"谎话说一千遍，也会成为真话"，诡辩把某个观念植入听众大脑中，并反复强调，最终在强词夺理中占领舆论高地。

辩论是一门艺术，有许多技巧值得研究和学习。古人留下了宝贵的智慧可资借鉴，比如请君入瓮、暗度陈仓、旁敲侧击、以退为攻等，都是屡试不爽的诡辩策略。

Chapter 15 辩论
关键时刻说对话，在残酷的对抗中脱颖而出

理智的辩论比冲动的争论更有力

一旦陷入争论或激辩，当事人就变得冲动易怒，极易做出一些过火的举动。"冲动是魔鬼"，谁也不想因为头脑发热坏了大事，因此在紧要关头务必多一些理智。有经验的辩论高手懂得用理性化解争论，显得从容不迫。

如果你周末正在家里休息，忽然被邻居聒噪的音响吵醒，想一想，你会怎么应对呢？许多人直接敲开邻居的门，厉声训斥对方，一番争论之后双方形同陌路，从此老死不相往来。这种做法显然算不上高明，下面我们一起来看看科恩是怎么做的吧！

科恩的邻居是一位音乐爱好者，每天下班回家，都要播放各种乐曲，并调到最大音量，直到午夜才肯罢休，这严重影响了科恩的生活。

这天，科恩敲开了邻居的门，微笑着说："请您把录音机借给我一个晚上好吗？"

邻居听了非常开心，说道："太棒了，你喜欢哪种乐曲？"

科恩微笑着摇摇头："不，我只想安安静静地睡一晚。"

邻居听完立刻明白了科恩的用意，表示今后一定多加注意。

面对吵闹的邻居，科恩既不吵闹，也没选择忍受，而是理智、风趣地向对方表明立场。一句简单理性的话，瞬间让邻居明白了事情的原委，甚至为此内疚，这可比你冲动地到对方家里大吵大闹更有效。

遇到棘手的问题，或者不方便直接说出内心的想法，请试一试理性克制的表达技巧吧。它能帮你表明立场，让对方知难而退，不知比冲动的争论高明多少倍。

有一次，麦克伦将军没能准确掌握作战时机，因此遭到美国总统林肯的批评。不过，林肯并没有与将军争论，而是借用幽默表达了自己的不满。他给麦克伦将军写了一封信，说道："亲爱的麦克伦，如果你不想用陆军，我想暂时借用一会儿。"

总统向陆军上将借用陆军，这虽然是一句玩笑话，却透露出总统对麦克伦用兵作战的不满。一位声名显赫的将军，如果被总统当面批评指挥失当，显然难以下台。林肯总统聪明地给予提醒，显得理性而自然，这比严厉地指责更有冲击力。

与人争辩的时候，一句无心的话可能会给对方造成严重伤害，事后让人万分懊悔。遇事多一分理性思考与克制，学会淡定应对，借用风趣表达妥善处理误解、矛盾，那么沟通中就少了"硝烟炮火"，多了心平气和。

将理性辩论融入到日常生活中去，融入到工作中去，替代无休止的争论，是高情商者的选择和努力。请牢记，一个人活着不是为了与谁争个你高我低，而是追求一种健康积极的生活方式。

在日常生活中，我们经常能听到一句话："有理不在声高"。讲话声音大，不代表你说的有道理。冲动的争论和抗议，是幼稚无能的表现，而理智的分析充分展示了当事人的洒脱、淡定，这种"不争为争"的策略才是赢家的最佳选择。

Chapter 16

演讲

调动听众情绪有助于引爆现场热情

演讲不是一门高不可攀的艺术

　　这个世界上并没有所谓的天生演说家,那些口才出众的人都是经历过恐惧和窘迫,而后不断历练才蜕变成现在的样子。在某个时期,站在人群面前说话被看做是一门艺术,它有特定的修辞方法和优雅的演说方式,因此成为一名演说家是非常困难的事情。

　　今天,当众说话被看做是扩大化的人与人之间的交谈,而它实际上并没有教科书上说的那么困难,也不是一门高不可攀的艺术。实践证明,只要遵循一些基本的原则和方法,高效演讲可以是一件轻而易举的事情。

　　寇蒂斯是布鲁克林的一位医生,专门研究卫生保健,行医已近30年。面对前来求医的人,他可以坐在椅子上滔滔不绝地与其讨论卫生保健相关的问题。后来,他在一次度假的时候迎来了人生中第一次演讲,而这次演讲经历让他很尴尬。

　　那次,寇蒂斯在度假中参加了一次宴会,中途主持人突然说:"今晚有一位医学界的朋友光临,我们请寇蒂斯先生上台来谈谈棒球队员的健康问题。"寇蒂斯原本只是应朋友之邀参加宴会,并没有被通知需要做演讲,他在没有任何事先准备的情况下听到这几句话,顿时不知所措。

　　身为研究卫生保健的医生,寇蒂斯当然有资格在宴会上针对球员的健康问题进行演讲,问题是他从未做过演讲。他虽然可以对着一个人滔滔不绝讲一天,但是如果站起来在众人面前针对某个问题长篇大论,那就如同登天那么难了。

　　看着眼前的这种情况,寇蒂斯十分清楚,如果自己走到话筒前演讲,一定会以失败告终,因为他在这种场合连个完整的句子都说不出来,更不要说站在人群面前演讲了。最后,他选择了离开,这成为他终生的耻辱。

Chapter 16 演讲
调动听众情绪有助于引爆现场热情

受此影响，寇蒂斯结束度假回到布鲁克林之后，做的第一件事就是报名参加演讲训练班。他不希望以后面对同样的状况时仍旧哑口无言。显然，寇蒂斯有极为迫切的需要，希望拥有演讲的能力，并愿意专心致志地学习。他非常努力，认真地准备自己的讲稿，刻苦勤奋地加以练习，从不错过训练课程中的任何一课。

结束演讲班课程之后，寇蒂斯就开始接受邀请，前往各地进行公开演讲。他发现自己喜欢上了演讲的感觉，非常享受演讲成功之后那种发自内心的愉悦，对听众给予的欢呼十分兴奋，而且通过演讲还结交了很多朋友。

寇蒂斯是演讲口才训练班里一个典型的例子，像他这样的人还有很多。他们都是通过参加这项训练，练就了好口才，获得了自信，从而改变了命运。而且，还有很多学员经过学习和训练之后，在原有的岗位上有了很大进步，甚至有些人取得了自己都不敢想象的业绩。

在正确的时间、正确的地点，一个人的成功演讲可以带给他极大的自信，而且可以让他收获颇丰。通过成功的演讲，当事人不但能获得演讲的信心、勇气和技巧，还能消除不良心理的影响，在成功的人生道路上走得更远。

在众人面前发表演讲，既能带给听众热情洋溢的享受，又能充分展示个人的自信、勇气，这并不像大多数人所想象的那般困难。事实上，只要心中想去做，任何人都可以发挥出自己潜在的能力。

世上本来就没有天生的演说家，只要你有像寇蒂斯一样的欲望，经过有计划的演讲培训之后，就可以获得长足的进步。当众发表演说，没有想象的那么困难，最重要的是你要有一颗强大的心灵。

努力与听众融为一体

为了吸引听众的注意力，在演讲时可以先问问自己，演讲内容能否帮助听众解决问题，满足他们的心理预期。然后，再按部就班地发表演说，这样就容易收到良好的效果。

如果你是一个会计师，那么开场白可以这样说："我现在要教你们如何省下 55～100 美元的退税。"如果你是律师，那么可以告诉听众如何拟遗嘱，相信会有很多听众被你吸引。当然，在你的知识储备中，必然会有某个题目能让听众感兴趣，或者对他们有所帮助。只要发现它，你就能成为一名谈话高手。

生活中，很多人无法成为善谈者，主要原因是他们只会讲自己感兴趣的话题，忽略了听众是否感兴趣。从现在开始改变你的谈话思路吧，引导他人谈论自己的兴趣、事业、成就，你就能走进对方的内心，与对方成为朋友。如果对方是一位母亲，那就谈谈她的孩子，尽管你更多的是在聆听对方说话，但是也能从中感受到人生的乐趣，因为此刻你是以对方为中心的。

每个人都喜欢听赞赏的话，而不是批评，尤其是公然的批评。显然，在演说过程中批评听众是要遭受质疑的，因为这等于选择与听众对抗，必然导致众人愤懑。心理认同都没了，又如何与听众形成互动呢？

在演讲中，热情地给予听众诚实和衷心的赞赏，有助于调动现场的氛围，让自己尽快进入角色。如果听众值得称赞，你就别吝啬褒扬的言辞，这样自然容易走进对方的内心。需要注意的是，赞扬也不能过分，一定要得体得当，避免用夸张、肉麻的词句。否则，听众会因为你的刻意献媚而感到憎恶，那样就适得其反了。

让听众参与演讲，有助于演讲者尽快融入演讲角色。此外，在演讲时使用一点儿表演技巧，便可使听众亦步亦趋地关注你说的每句话。如果挑选听众来协助你展示某个论点，或将某个意念戏剧化地表现出来，那么会极大地调动听众对演讲内容的关注度。显然，当听众被演讲者带入"表演"中，他们就会敏锐地觉察所发生的事，进而使演讲取得良好的效果。

有一位演讲者就很聪明地运用了这一方法。汽车刹车后，要行驶多远才能停下来？在讲解这个观点时，演讲者请前排一位听众站起来，帮

Chapter 16 演讲
调动听众情绪有助于引爆现场热情

忙展示汽车在不同速度之下的刹车表现。这名听众当然非常配合地"表演",他握着一条钢制卷尺的一端,顺着走道把它拉出45英尺。台下的听众看着眼前发生的一切,融入了讲演之中。

在这里,那条卷尺所起的作用有两点,一是生动地展现讲演者的论点;另外,它还起到了沟通的作用,是听者与讲演者之间一座沟通的桥梁。

需要指出的是,当众演讲的时候不可给人以高高在上的印象,那样只会让你拒人于千里之外。正所谓"言为心声",听众很容易就能分辨出,演讲者是否自认为在智能或社会地位上高高在上。的确,想得到听众的爱戴,演讲人员必须采取低姿态的演讲方式,最大程度上拉近彼此的距离。

许多人无法融洽地与人交流,主要是因为他们只会谈自己感兴趣的事情,而这些事情却令其他人感到无聊透顶。如果你不想激起听众的敌意,那么就别把自己放在众人之上。

事实上,演讲的时候,听众对你的一举一动很清楚,你稍有自夸的倾向就会遭到唾弃。从另一方面来讲,谦虚可以激发信心与善意。不过,还是要注意避免过于谦虚,以免给人留下患得患失、优柔寡断的印象。总之,这一切努力都是为了让听众融入演讲中。

了解听众心理,才能赢得人心

每个人都会说话,然而有的人说的话令听众喜笑颜开,有的人说的话却令听众暴跳如雷。显然,这取决于说话者是否擅长揣摩人心。满足听众的心理需求,会给人如沐春风的感觉;不擅长洞察他人心思,每句话都令人厌恶。

忽略了对话中的心理因素,说的每句话都会不合时宜。因此,演讲者面对听众,务必准确把握大家的心理需求,从而充分调动现场热情。具体来说,可以从以下几个方面入手:

◎ **坦诚永远是演说的基调**

言不由衷地发表演说,无法营造良好的现场气氛。你与听众之间有很多微妙的感应,一个不坦诚的开场即使表面上无可挑剔,但是那份虚情假意仍然会通过眼睛、气息被听众感知到。保持坦诚,听众才会接纳你。

◎陷入某种情绪时,请先保持沉默

有效沟通的先决条件是,有一个轻松的情绪环境。如果一方被某种情绪控制,甚至因为冲动失去理性,那么沟通就会出现问题。演讲进行到某一阶段,如果听众出现明显的情绪变化,你要保持冷静,搞清楚状况再采取有针对性的行动,让演说继续下去。

◎时刻照顾听众的感受

演讲不是一个人的表演,而是与听众互动的过程。一方面你是信息的发送者,另一方面也是信息的接收者,必须借助听众的反馈调整演讲内容。因此,时刻照顾听众的感受,关注听众的反应,才容易进行有效的心理互动,实现高效沟通。滔滔不绝的演说并不值得提倡,适度收放,照顾听众的感受,才是完美沟通的关键。

◎根据听众差异调整演说方式

每个人都有特定的演说风格、措辞习惯。面对不同的听众,主动调整演说方式,更容易把话说到对方心里去,打动人心。根据不同的听众转换说话方式与演说风格,也是一种技巧。为此,你要了解听众的偏好,主动调整沟通方式。

◎对听众有异议,放弃对抗

在演说过程中,听众可能会提出疑问,或者发表自己的观点。对此,如果你有异议,应该选择保留,决不能试图当场说服听众,更不能与之对抗。尤其是当听众正在陈述观点时,即使有些地方不妥,你也别急于打断和纠正对方,这个时候驳斥对方会让现场陷入尴尬。

在演讲中占据主动地位,必须把焦点放在"心理"二字上,凭借对听众心理的把控调整自己的说话方式。什么是有水平的演讲?它不是靠华丽的措辞和高深的理论去说服听众,而是紧紧抓住听众的心。

Chapter 16 演讲

调动听众情绪有助于引爆现场热情

演说要互动，还要生动

为什么马云、俞敏洪等人能成为一流的演说家？他们演讲成功的秘诀是什么？根本原因在于，他们懂得与听众互动，懂得如何让一场演讲激情四射。

人人都可以成为演说家，关键在于掌握演讲必需的技巧——说话要互动，还要生动。拥有好的演讲口才，可以帮你在职场和生活中获得更多机会。

一场成功的演讲之所以吸引人，是因为演说者坚持生动化、形象化原则，选择一位听众参与进来，将大家带入互动环节中。结果，听众都聚精会神地关注眼前发生的一切。

演讲时，应该时刻想着听众，让大家紧跟着你的思路前进。为此，在演说过程中必须与听众互动，并尽力将演讲生动化。这里有一些简单有效的方法，可以帮你做到这一点。

◎**演说内容要聚焦听众的兴趣**

一场高水平的演讲，内容必须是听众的兴趣所在。有的演讲效果不尽如人意，就是因为忽略了听众的兴趣，只谈自己觉得有趣的事情。换位思考一下，以听众的兴趣作为演讲的出发点，在演讲中加入大家经常谈论的主题，并适时向听众提问，那么演讲效果会大不一样。这种方式既保持了与听众互动，又让谈话变得生动，不令人生厌。

◎**在演讲中注意运用视觉材料**

恰当运用视觉材料，可以让演讲内容更加清楚明白、形象具体，最大程度上吸引听众的注意力。在演讲中，有时仅靠口头表达会显得单调乏味，甚至令人厌倦。用PPT展示你的演讲内容，穿插视频、图片，可以让演讲直观化、形象化，吸引听众的注意力。

◎**插入引人入胜的人生故事**

为了让演讲内容生动形象、扣人心弦，不妨试着讲一些引人入胜的人生故事。人人都想知道怎样在奋斗中获得成功,如果演讲内容充分展示这一点,就会收到很好的效果。当然,你可以反问听众,让他们谈谈自己的事业,以及取得了哪些成就。这样一来,听众会感同身受,并认为你极具亲和力。

演讲是一门语言艺术,说话既要生动,还要与观众互动。互动有利于演讲者与听众之间建立和谐、密切的关系,生动有利于听众更好地理解演讲者的观点和见解。

姿势与动作是特殊的语言

演讲的时候,人们的肢体会呈现出许多姿势和动作,比如站立的方向、双手的位置、头部的转向等。这些姿势和动作是演说者情绪、心理的反应,对传递的信息起到强调、补充等作用。

心理学家研究发现,向外界传递一份完整的信息,除了具体的内容之外,还需要声音和肢体语言的辅助,而且后者在传递信息量的比重上达到了55%。这一数字看上去比较夸张,不过也说明了在传递信息的时候,肢体语言确实起到了很重要的作用。

例如,询问对方是否喜欢你的时候,对方用很低的语调、低着头说:"我喜欢你。"或者直视你的眼睛,深情地望着你,热情地说:"我喜欢你。"这两种"喜欢"的效果,是完全不同的感觉。

作为传播内容的辅助手段,肢体语言会影响内容的传播效果。也就是说,说什么固然重要,但是怎么说更重要。恰如其分的肢体语言有助于演讲者清楚无误地表达意见,实现心中所愿。

林肯是美国历史上伟大的总统之一,在演讲方面也很出色。柯恩登专门写过林肯的传记,他说这位总统在演讲的时候会用到一些肢体方面的语言。

柯恩登称,林肯喜欢用脑袋做姿势,在演讲的时候会经常甩动脑袋。尤其是在情绪激烈,想强烈表达某种观点的时候,这种动作会更加频繁,也会更加有力。

柯恩登还称,林肯在演讲的时候有一些独特的姿势。比如,表示喜悦情绪的时候,他会把双手高举,手掌向上,两臂之间大约成50°角,在远处看起来,有些像拥抱的姿势。

当对某一事物表示厌恶的时候,林肯会上举双臂,而且握紧拳头,双拳在空中用力挥动,以此来表示自己强烈的排斥感。有时候,这个手势看起来像把那些令人厌恶的东西从空中扯下来,然后狠狠地摔在地上。

除了这位传记作家的描写,一些有关林肯演讲的绘画作品中也有这些姿势。绘画中,林肯穿着西装,左手抓着衣领,拇指向上,右手挥舞,做着手势。据柯恩登记述,林肯这种姿势一般是其放松时候的状态。

演讲的时候,林肯还有很多其他肢体动作,它们帮助林肯把要表达的内容强烈地传递给了听众。美国雕塑家圣·高登斯根据林肯演讲时的动作雕塑了一尊雕像,现在还矗立在芝加哥林肯公园内。

为了清楚有力地表达自我,在演说中除了重视谈话内容的布局、设计,还要重视演说的姿势会传递出什么信息,并有意识地加以练习。特定的姿势与动作胜过华丽的辞藻,让演说更出彩。

许多时候,一个人的肢体语言比口头语言更能反映一个人的休养,而且在说服上有时候比语言更有力度。恰当的姿势能展示一个人的教养、礼仪,也会让一个人的形象更加深入人心。

演讲的时候,肢体的动作是和声音紧密联系在一起的,它们是对声音语言的必要补充。如果演讲者能够对肢体的动作运用娴熟,可以极大地提升沟通的整体效果。

抓好长篇演讲的开场和结尾

能否成功发表一次长篇演讲,往往体现了一个演讲者专业水准的高低。显然,充分、到位的准备工作必不可少,它决定了长篇演讲的成败。

在准备阶段,演讲者要特别重视开场和结尾的部分,因为它们就像演员的上场和下台一样,发挥着重要的作用。

如果没有经过准备,或者对演讲的主题还不了解,那么就不要随意上台发表演讲。因为没有规划的演讲,注定是散乱的,很难给听众留下完美、深刻的印象。对此,曾担任西北大学校长的演讲家林·哈洛德·胡认为,在演讲中最重要的是"开场白应该引人注意,一下能抓住听众的心"。

好的开始等于成功的一半,如何让听众意识到你的开场白是不可或缺的,并印象深刻,确实是一门艺术。成功做好有吸引力的开场白,是有迹可循的。

◎以故事开场

一个有趣而短小的故事往往会充分调动听众的热情,而长篇的理论性描述会给人以喋喋不休的体验,听众难免产生厌倦心理。打破长篇大论的演说定势,一开始就用一个有趣的故事拉近你与听众的距离,的确会让人耳目一新,并渴望倾听后面的内容。

◎设置悬念

在开场的时候抛出一个诱饵,设置一个悬念,但不要着急去解答,只要引发了听众的好奇心,你就成功了。因为在接下来的时间里,他们会对你演讲的内容高度关注。

◎借用道具

将一件物品举起,展示给众人看,这是最能吸引听众注意力的方式。采用这个方法,常常可以获得意想不到的效果。

◎观众参与

这种方式主要是请听众举手回答问题,这可以让大家融入你的演讲之中。比如,如果你对大家说"在还不该疲倦的时候就已经感到疲倦了",并让感到疲倦的听众举手示意,相信现场的人会不知不觉地忘了这是演讲,并开始思索自己是不是容易感到疲倦,是不是因此受到影响。

这几种方法,你只选用其中的一种,就能让开场白与众不同。当然,你也可以全部运用。无论如何都要重视演讲的开场白,因为听众是否对你的演讲感兴趣,往往取决于此。

分辨演讲者是新手还是行家,最直接的方法就是看他如何处理开始和结束的部分。演讲的开场和结尾是最难把握的,也最考验演讲者的能力。在演说的结尾阶段,新手容易出现某些错误,下面为大家提供几点有针对性的对策。

在长篇演讲的结尾,新手经常直截了当地说:"我只能说这些了。我想,就到这里吧,我讲完了。"这样的结尾简直是画蛇添足,糟糕透顶,甚至可以说是无法原谅的错误。这几句话虽然不多,但是彻底暴露了演说者的无力感,并告诉听众你就是一个不折不扣的新手。

有的演讲者不知道如何结束演说,一旦讲完主要内容,就在台上陷入尴尬,变得不知所措。为了避免这种情况,演讲者在登台前就应准备好如何结尾,而不是在面对台下听众目光的时候才开始构思结尾。一个漂亮的结尾,一个令人回味的结尾,在演讲中表现为"结束语"。即使那些极负盛名的演讲家也一致认为:应该把结束语预先写好,并将它背诵下来。

还有一些演讲者永远说不完,天马行空的思维,毫无逻辑的语言,根本不知道在哪里结尾。另一些演讲者则是突然停止演讲,而且此前没有任何铺垫和示意,让听众很不舒服。这种结尾最多是一次急刹车,因为根本没有结束语,这暴露了演讲者非常不专业的一面。

如果你正在准备一场重要的长篇演讲,不妨认真听取上面的建议,在开场白和结束语上下一番工夫。只要勤加练习,你的演讲就会变得不同寻常,你也会成为引人注目的演讲者。更重要的是,经过反复练习,并注重积累经验,你的演讲会越来越出色。

形成独特的演讲风格

演讲大师和演讲新手的区别,往往不在于演讲的技巧和事先的准备工作，而在于演讲中的细节。通常，演讲大师有自己成熟的演说风格，而这种风格更多体现在很多看似无足轻重的细节上。

下面，为大家介绍演讲大师究竟高明在哪里，有哪些与众不同的地方，新手应该朝哪些方面努力。

◎ **充分的休息为演讲带来充沛的精力**

演讲大师和新手的第一个细节区别在于休息。他们知道：一个疲倦的演讲者无论如何都无法吸引听众。而新手往往会把各种准备工作拖延到最后一分钟，才急急忙忙地行动。追赶时间的做法只会拖累你的身体和精神，带来疲惫感，使精神萎靡不振，而这是非常可怕的事情。

如果你在下午四点钟有一个重要的演讲，那么我建议你午饭之后小睡一会儿，以恢复你的精力。经验表明，小睡可以让你的身体和精神都得到放松和恢复，而这种休息会确保在演讲过程中保持旺盛的精力。

◎ **注意着装，它代表了一种成功的态度**

一位心理学家曾经进行过一次调查：服装会对人们产生什么样的影响？被调查的人无一例外地表示，当一个人穿戴整齐、衣着得体的时候，会感觉非常体面，并且信心大增。当一个人在外表上显出过人之处的时候，他的思想也会倾向于成功，在事实上也会更容易成功。

这种情况确实存在，许多演讲大师在登台之前会搭配好自己的服饰，从而以完美的形象出现在听众面前。如果你看到一个演讲者衣着随意，甚至不修边幅，那他一定是一个不折不扣的新手。

◎ **引导听众一致行动，提升现场感染力**

一个人的感染力不仅仅取决于能力，和现场的环境也有很大关系。当一个人在人群中的时候，往往容易失去自我，成为人群的一分子，从而更容易受到影响。当人群开怀大笑的时候，他也会受到这种气氛的影响。如果他身边只有几个听众，虽然你说的是同样的内容，他则可能也会无动于衷。

当人们成为一个整体的时候，你很容易调动大家的情绪，令他们行动一致。而让单独某个人做出反应，则是比较困难的事情。如果你的演

Chapter 16 演讲
调动听众情绪有助于引爆现场热情

讲对象是一小群人，那么应该找一个小房间，把大家塞进一个狭小的空间，一定会比让他们分散在硕大的大厅里效果更好。显然，这样做都是为了提升现场的感染力，获取最佳的演说效果。

◎ **演说者的姿态决定演说状态**

在演讲开始之前，演讲大师不会在座位上消耗时光，而会在一旁等待；演讲开始之后，他们则以精神饱满的状态进入会场，这样会瞬间聚拢听众的注意力。开始演讲的时候，不要直接开口，这往往是新手的通病。通常，演讲大师会深吸一口气，然后直视听众，如果听到台下有嘈杂的声音或者骚动，则会等待一切平静后才开始演讲。

此外，在演讲过程中要时刻注意你的小动作，听众总是容易被移动的物体吸引，而你作为全场注目的焦点，每一个动作都会吸引他们的注意。一定要克制自己的小动作，不要出现玩弄手指、拉扯衣服或者其他无关演讲内容却会分散听众注意力的动作。

如何回答刁钻的问题

为了与听众互动，有的演讲者会设置提问环节。通常，演讲者会提前做好准备，但仍然难以避免碰上刁钻的问题，导致场面尴尬。这时，可以运用各种技巧来应对，避免被刁钻问题带进沟里。

鲁迅曾经在北京大学当讲师，讲授中国小说史。有一次，他讲完《红楼梦》，出其不意地问学生："你们喜欢林黛玉吗？"大家被问得一头雾水，不知该如何作答。

一位机智的学生突然反问鲁迅："先生，你喜欢林黛玉吗？"鲁迅略加思索，说道："我不喜欢。"学生又问："为什么不喜欢呢？她可算得上是一位才女啊。"鲁迅幽默地回答："我嫌她哭哭啼啼。"顿时，课堂上笑声四起，气氛轻松愉悦。

学生机智地反问有些出其不意，鲁迅用幽默的回答巧妙应对，立刻让课堂气氛活跃起来。会沟通的人常常会把笑话说得好听又动人，令人受益匪浅。然而，他们的本事还远不止于此，他们最厉害的是巧用幽默处理各种突发问题，成功掌控局面。

在演讲提问阶段，难免会有听众故意刁难，让演说者下不了台。这种故意捣乱是以"合法"形式进行的，所以演说者不能恼羞成怒，必须强颜欢笑地去应对。面对听众的挑衅甚至是无端指责，最有效的方法就是借用幽默搞定一切。

一位医生做完了有关健康养生的演说，要接受台下听众的提问。

有人问："医生，我前年得了一场大病，并做了一次手术。按照你的养生理念去做，我能活到100岁吗？"

医生询问了他的身体状况，问道："你今年多少岁啊？"

病人回答："50岁了。"

医生接着询问："你有什么嗜好吗？比如喜欢喝酒、抽烟，或者赌博？"

病人有些不耐烦了："我最不喜欢抽烟、喝酒了，更讨厌女人。"

医生惊讶地说："天啊，那你活到100岁干什么？"

顿时，台下一片笑声。随后，医生话题一转："一段轻松幽默的插曲过后，我再次提醒大家，健康养生关系到我们终生的幸福。"

在演讲提问阶段，总会出现各种意想不到的情况。学会用幽默来应对各种刁钻的问题，是演说家必备的素养。如果一个人可以用幽默应对各种各样的刁钻问题，那么无论其处境如何，都会受欢迎——人们既为他处置复杂局面的能力喝彩，更享受他风趣谈吐展示出来的幽默乐趣。

面对刁钻的提问，只要你能准确判断问题出在哪儿，并发挥自己的幽默和应变能力，就能巧妙地作出精彩回答，最后出奇制胜。

光晕效应，帮你扩大影响力

光晕效应，又称"光环效应"，是把人或物与一个美好的词汇联系起来，使人未经验证而被接受、赞许。这种美好的品质或特点，像月亮形成的光环一样向周围弥漫、扩散，无形中扩大人或物的影响力。

Chapter 16 演讲
调动听众情绪有助于引爆现场热情

在演讲中,巧妙利用光晕效应可以扩大个人影响力。比如,演讲者通过自然、真诚的言谈举止获取听众的信任,从而有效提升个人魅力与演讲效果。

有一次,一位学生到布鲁克林商会参加演讲训练班。走上演讲台之后,他微笑着面对台下的观众,全身散发着一股平易近人的气息。

观众能够感受到,他对来到这里感到很荣幸,并且对将要进行的演说任务感到很兴奋。显然,这位学生还未开口就感染了听众,而大家也充满期待地望着他,表示热烈欢迎。

这位学生一出场便带来一股"亲切"风,听众很容易把这种美好的感觉融入到随后的演讲评价中,这就是"光环效应"带来的积极影响。

有的演讲者自视甚高,经常以一种孤傲、冷漠甚至造作的姿态走上讲台,把消极的情绪带到演讲中来。演讲结束后,听众感受不到丝毫激情与快乐,好像刚刚经历了一件十分痛苦的事情。听众被这种负面情绪感染,显然无法从演讲中获得美好的体验,甚至会感到很无聊。

在演讲中,演说者的台风与个性是一种无形的资产,如果表现得好,听众会对演讲给予积极、正面的评价,反之会认为这是一次失败的演说。在这里,演讲者的台风形成一种光晕,会对听众产生潜移默化的影响。

对演讲者来说,利用光晕效应扩大自身的影响力,并不仅仅局限于台风与个性。接下来,列举一些光晕效应的运用技巧。

◎ 以一个良好的开端作为演讲的开始

根据无数演说家的经验,可以得出一个结论:一段能够吸引人注意的开场白,能够立刻抓住听众的注意力,吸引大家聚精会神地听下去。演讲一开始便紧紧抓住听众,那么整场演讲就成功了一半。

◎ 与听众进行有趣的互动,增强现场感染力

在演讲中时刻以听众为中心,采用灵活的形式与大家互动,能令人感觉亲切、有趣,有利于增强演讲的效果与影响力。让听众参与到演讲中来,不但有利于大家接受你的思想和观点,而且能迅速拉近你与听众的距离,让现场气氛达到高潮。

光晕效应悄无声息却又极大地影响着人们对人和事的知觉与评价。演讲者做好充分准备，在演讲中展示优秀的一面，带给听众美好的体验，大家就会在光晕效应的影响下高度评价这次演说，即使偶尔出现小瑕疵，也不会动摇你在大家心目中的形象。